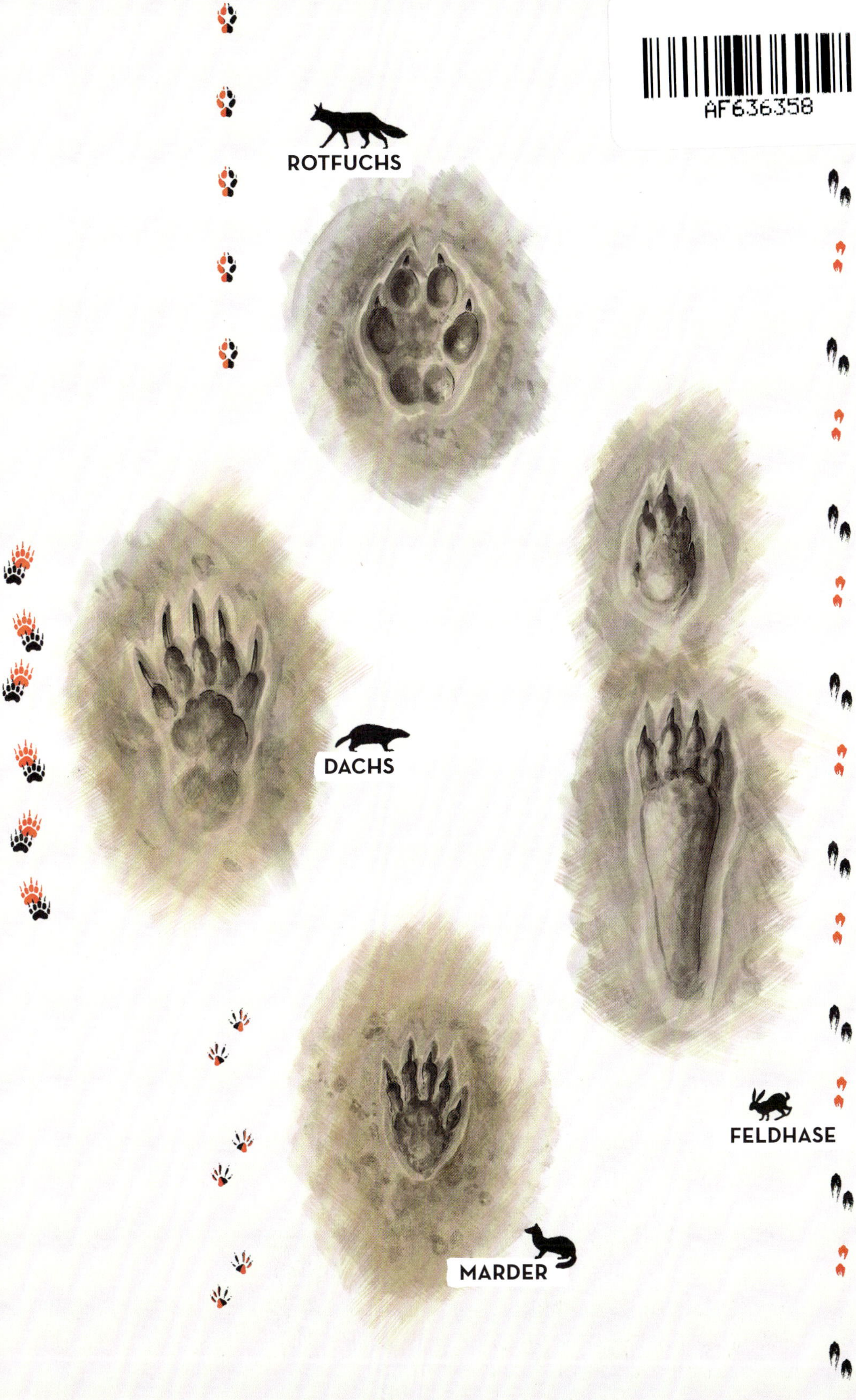

Noch mehr Spuren findet ihr auf der hinteren Klappe.

RAINER SCHALL

WALD GLÜCK

Auf Entdeckungstour: Tiere und Pflanzen im Wald

In Action: Spiele und Experimente zum Mitmachen

Fantasie: Märchen und Mythen rund um den Wald

KOSMOS

INHALT

NIX WIE RAUS!

Wanderstiefel an und ab in den Wald.
Dort gibt es so viele große und kleine Dinge zu entdecken.

Ab in den Wald

Der Wald ist einzigartig. Er bietet uns einen Ort der Entspannung und Ruhe, aber er steckt auch voller Abenteuer und Geheimnisse. Wir können jeden Tag in diese Waldwelt eintauchen und uns in ihren Bann ziehen lassen. Dafür brauchen wir nichts weiter als die Freude am Entdecken.

Mit Kindern zusammen den Wald entdecken bedeutet, spielerisch die großartigen Naturphänomene zu erforschen. Kinder erleben mit ihrer natürlichen Neugierde die Waldnatur auf ihre eigene Art und Weise. Dabei tut es uns selbst wieder gut, wie ein Kind den Wald zu entdecken, mit Moos und Holzstöckchen etwas zu bauen, Tiere und Pflanzen zu beobachten und Freude an den kleinen Dingen des Lebens zu haben.

KREATIVITÄT UND FANTASIE

Dabei schenkt uns die eigene Kreativität die besten Ideen für eine Waldführung, die eigene Fantasie lässt uns den Wald mit anderen Augen betrachten. Das schönste Geschenk bereitet uns der Wald, wenn wir interessante Pflanzen und Pilze entdecken oder gar Wildtiere beobachten können. Mit meinem Buch möchte ich Anregungen und Impulse vermitteln, was in den verschiedenen Jahreszeiten im Wald passiert, was es Interessantes zu beobachten gibt und auf was wir im Wald besonders achten sollten.

Öffne deine Sinne

Je öfter wir uns im Wald bewegen, desto vertrauter machen wir uns mit diesem Lebensraum und desto mehr erfahren wir über die Faszination der Waldnatur. Dabei ist es nicht unbedingt notwendig, die Namen der Bäume, Pflanzen und Tiere sofort alle zu kennen. Die Arten können wir ja mit der Zeit kennenlernen, vielleicht ab und zu ein Bestimmungsbuch oder eine Natur-App zurate ziehen. Ganz wichtig ist allerdings, dass wir unsere Sinne öffnen und wieder neugierig, aufmerksam und achtsam durch die Natur streifen. Der Wald kann ein großes Abenteuer werden und dieser Schatz liegt vielleicht direkt vor unserer Haustüre. Aber auch jeder Park, ein Flussufer oder die Wiese bietet uns neue Naturerfahrungen.

Begleitet mich in diesem Buch durch die Jahreszeiten und findet neue Ideen, die ihr im Wald ausprobieren und erforschen könnt.

1

1. Frühling: Bevor die Bäume Blätter tragen, blühen am Waldboden die Buschwindröschen.

DER WALD IM JAHRESLAUF

In der Natur bewegt sich alles in Zyklen. Der Jahreslauf mit den verschiedenen Jahreszeiten ist der Taktgeber. Danach richten sich Tiere, Pflanzen und Pilze. Jede Jahreszeit hat ihre Besonderheiten und ihre eigenen Reize, die es zu erforschen gilt. Unser Einstieg in unser Abenteuer startet im Frühling. Aber natürlich kann man das Buch auch zu jeder anderen Jahreszeit beginnen, denn die Natur dreht sich in einem Zyklus, und damit ist der Einstieg jederzeit ein interessantes Erlebnis. Ich verzichte dabei bewusst auf eine genaue zeitliche Definition der Jahreszeiten nach dem Kalender.

Natur ist immer anders

Die Jahreszeiten lassen sich oft besser mit Hilfe eines phänologischen Kalenders beschreiben, der die Jahreszeiten mit Hilfe der Blütezeiten der Pflanzen einteilt. Aber je nach Region, Höhenlage und geografischen Besonderheiten weichen die Beschreibungen der Phänomene vom Kalender ab und der Klimawandel verändert ebenfalls einiges.

Frühling

Im Frühling warten alle Laubbäume darauf, ihre Blätter neu zu entfalten. Die Blätter schlummern bereits seit Herbst und Winter in den Knospen, darin überwintern sie geschützt und überstehen die kalte Jahreszeit. Sie sollten sich auch nicht zu früh entfalten, sonst könnten Fröste den jungen Blättern schaden oder ein später Schneefall könnte die belaubten Äste abbrechen lassen.

Sommer

Im Sommer tanken die Bäume Kraft. Die grünen Blätter stecken voll mit kleinen Kraftwerken, den Chloroplasten, mit deren Hilfe sie aus Sonnenlicht, Wasser und Kohlendioxid Zuckerstoffe herstellen können und dabei den für uns lebenswichtigen Sauerstoff produzieren. Die Zuckerstoffe sind die Grundbausteine, aus denen ein Baum alle Stoffe herstellt, die er zum Wachsen und Überleben benötigt. An den Jahresringen einer Baumscheibe lässt sich ausrechnen, wie viel Holz ein Baum jedes Jahr neu produziert.

Herbst

Kürzere Tage, weniger Sonnenschein, kühlere Temperaturen – es wird Herbst. Bei den Laubbäumen erfolgt nun eine dramatische Veränderung: Die Blätter werden bunt und fallen ab. Würden sie am Baum bleiben, würden sie weiter Wasser verdunsten. Weil im Winter das Wasser im Wurzelbereich oft gefroren ist, kann der Baum kein Wasser mehr aufnehmen: Mit Blättern würde der Baum vertrocknen. Also wirft der Baum sie ab.

Bevor das passiert, wird der kostbare grüne Farbstoff (das Chlorophyll) in den Baum zurückgenommen und für das nächste Frühjahr eingelagert. Rote und gelbe Farbstoffe bleiben im Blatt, die Blätter werden bunt.

Winter

Der Winter bedeutet für alle Pflanzen eine Zeit der Ruhe, es wird still im Wald und die Bäume trotzen Schnee und Kälte. Die Äste sind kahl, manchmal verziert Raureif die Bäume mit seinen weißen Frostkristallen oder der Schnee setzt ihnen weiße Mützen auf.

2. Sommer:
Die Blätter sind die Kraftwerke der Bäume.

2

3. Herbst:
Stürme fegen die Äste kahl, die Blätter bleiben wie eine wärmende Decke am Boden liegen.

4. Winter:
Wenn Schnee liegt, finden die Tiere nur noch wenig Nahrung.

3

4

1

1. Frühling: Die Vögel bauen ihre Nester.

2. Sommer: Junge Füchse tummeln sich vor dem Fuchsbau.

Die meisten Wildtiere sind dämmerungs- und nachtaktiv. Das macht die Beobachtung schwieriger, aber auch spannender.

DER JAHRESZYKLUS DER TIERE

Auch die Waldtiere folgen dem vorgegebenen Rhythmus der Jahreszeiten. Dieser wird maßgeblich von der Fortpflanzungszeit, der Jungenaufzucht und der Vorbereitung für die Winterzeit geprägt. Wer aufmerksam durch die Wälder streift, kann anhand der Fährten oder Fraßspuren bereits viel von den Wildtieren erfahren. Ein Highlight eines Waldbesuchs ist natürlich die Beobachtung von Wildtieren. Doch sie sind oft scheu und wir bekommen sie selten zu Gesicht. Dennoch gibt es im Jahresverlauf bestimmte Zeiten, in denen die Tiere aktiver sind und man sie besser beobachten kann. Vor allem während der Fortpflanzungszeit steigen die Chancen und auch in Zeiten der intensiven Futtersuche sind die Tiere sehr rege.

Frühling

Im Frühling regt sich das Leben im Wald, der Nachwuchs stellt sich ein. Die Hasen haben bereits im März ihren ersten Wurf gesetzt, die meisten Rehkitze kommen Mitte Mai zur Welt und in der Vogelwelt herrscht reges Treiben mit Reviergesang, Nestbau und Futtersuche für die Jungvögel. Jetzt haben wir eine gute Chance, die Tiere zu beobachten, zumal erst ab Mai die ersten Blätter austreiben und erst dann der „grüne Vorhang" wieder mehr Sichtschutz und Versteckmöglichkeiten für die Wildtiere bietet.

Sommer

In den Sommermonaten, wenn die Tage länger werden, gehen viele Tiere bereits bei hellem Tageslicht zur Futtersuche, selbst wenn sie eigentlich eher dämmerungs- oder nachtaktiv

2

3

Der Eichelhäher wird auch „Gärtner des Waldes" genannt.

4

sind. Dann sehen wir die Rehe in den Abendstunden auf die Wiese zum Äsen ziehen. Die Hochzeit der Rehe fällt auf Ende Juli und Anfang August, dann sind die Rehböcke sehr aktiv und suchen nach den Rehgaisen. Die Fuchsmutter ist nun Tag und Nacht damit beschäftigt, genügend Futter für ihre Jungen zu beschaffen, und wir können sie bei Tageslicht auf der Wiese beim Mäusefangen beobachten. Junge Dachse verlassen bereits vor der Dämmerung den Bau und spielen unbekümmert vor den Röhren.

Herbst

Im Herbst bereiten sich die Wildtiere auf den nahenden Winter vor. Eichhörnchen und Eichelhäher sind sehr beschäftigt, die wertvollen Eicheln und andere Nüsse zu sammeln und zu verstecken. Dachse richten sich mit Polstermaterial ihren Bau gemütlich ein und fressen sich eine dicke Fettschicht an. Ab September werden die Jungtiere immer selbstständiger und können oft beobachtet werden. Die Tiere müssen sich nun einen dicken Winterpelz zulegen.

Winter

Im Winter macht sich eine gute Vorbereitung bezahlt. Winterschläfer wie Siebenschläfer, Igel und Fledermäuse sind in ihren Verstecken verschwunden. Eichhörnchen und Dachse, die Winterruhe halten, leben den größten Teil der Winterzeit zurückgezogen. Die Rehe versuchen mit ihren Energien sparsam umzugehen und bewegen sich nur noch wenig. Nur die Füchse sind im Dezember und Januar in Hochzeitstimmung: Gut eingepackt in ihren wärmenden Winterpelz lassen sie in den Winternächten ihr Bellen ertönen.

3. Herbst:
Der Eichelhäher legt sich einen Futtervorrat für den Winter an.

4. Winter:
Der Igel verschläft die kalte Jahreszeit.

WALDREGELN

Die Möglichkeiten, unsere Wälder zu betreten und zu nutzen, sind sehr großzügig geregelt. Laut Bundeswaldgesetz besteht ein freies Waldbetretungsrecht, das uns erlaubt, die Staatswälder, Gemeindewälder und auch die Privatwälder zu begehen. Aber wir sollten uns dabei an ein paar Regeln halten.

Der Wald wird selten eingezäunt, selbst wenn er in Privatbesitz ist, und jeder darf ihn betreten. Ausnahmen sind besondere Kulturflächen mit Bäumen, die vor Wildverbiss geschützt werden sollen. Doch es gibt auch Verhaltensregeln für Waldbesucher. So ist es in Deutschland z. B. verboten, im Wald zu zelten, Feuer zu machen oder mit dem Auto auf Waldwegen zu fahren. Viele der Waldregeln sind einleuchtend: Besucher sollten keinen Müll im Wald zurücklassen, jedes Papier oder jede Tüte wird wieder mit nach Hause genommen. Jeder freut sich doch, wenn er im Wald auf saubere Natur trifft und keinen Zivilisationsmüll vorfindet.

SICHER UNTERWEGS

Spazieren gehen, Wandern und Joggen – das darf man überall im Wald, auch abseits befestigter Waldwege. Waldbesucher sollten aber Hinweis- und Warnschilder beachten, etwa bei Forstarbeiten. Nach schweren Stürmen kann ein Spaziergang im Wald gefährlich werden, da Äste von oben herabfallen können.

AUF DEN WEGEN BLEIBEN

Mit dem Fahrrad darf nur auf befestigten Wegen gefahren werden. Manche Landeswaldgesetze, z. B. in Baden-Württemberg, erlauben das Radfahren nur auf Wegen ab zwei Metern Breite. Speziell für Mountainbiker gilt: Sie dürfen nicht querfeldein durch den Wald fahren – es sei denn, es gibt im Wald einen extra angelegten Trail für Mountainbiker.

NUR WENIG SAMMELN

Wer gerne Beeren, Pilze und Kräuter im Wald sammeln möchte, darf das in Maßen gerne tun. Die Artenschutzverordnung gestattet „geringe Mengen für den eigenen Bedarf", als Faustregel gilt etwa ein Kilo pro Person.

HUNDE UND PFERDE

In manchen Bundesländern dürfen Hunde frei laufen, z. B. in Hessen, Bayern, Rheinland-

Jeder darf den Wald betreten, dabei sollte man sich aber unbedingt an ein paar Regeln halten.

Pfalz und Baden-Württemberg, sofern der Besitzer das Tier mit Rufen kontrollieren kann. Doch in der Realität ist der Reiz, wenn ein Hase oder Reh plötzlich aufspringt, für die meisten Hunde zu groß und sie hetzen hinterher. Darum sollten Hunde im Wald vorsorglich immer an die Leine. Reiter dürfen nur auf Straßen und Wegen reiten, in manchen Bundesländern sogar nur ausgewiesene Wege nutzen.

SCHÄTZE VERSTECKEN

Geocaching ist ein beliebtes Freizeitvergnügen, um versteckte „Schätze" mittels GPS-Daten zu finden. Dennoch sollten Geocacher den Waldbesitzer immer um Erlaubnis fragen, ob sie „Schätze" im Wald verstecken dürfen, außerdem sollten sie Rücksicht auf die Wildtiere nehmen und z. B. nicht nachts oder in der Dämmerung nach Schätzen suchen.

FEUER UND RAUCH

Nicht nur das Feuermachen ist im Wald verboten, bundesweit gilt auch ein Rauchverbot von März bis Ende Oktober. In dieser Zeit ist die Waldbrandgefahr besonders groß. Außerhalb dieser Zeit darf man an offiziell eingerichteten, festen Feuerstellen auf Grillplätzen ein Feuer machen. Offenes Feuer muss ansonsten mindestens 100 Meter vom Waldrand entfernt sein.

FRÜHLINGSERWACHEN

Bevor die Bäume wieder Blätter bekommen,
recken die ersten Blumen ihre Blüten der Sonne entgegen.

Waldglück im Frühling

Nach der langen Winterzeit werden die Tage endlich länger, die Temperaturen steigen und wir spüren, dass es wieder Frühling wird. Der Wald erwacht zum Leben.

Die ersten wagemutigen Pflanzen zeigen sich bereits trotz Kälte oder Schnee und sind die ersten Farbtupfer in der Waldlandschaft. Mit den ersten warmen Sonnenstrahlen erklingen auch wieder die Rufe und Gesänge der Vögel.

DER WALD ERWACHT ZUM LEBEN

In dieser Jahreszeit sollten wir uns noch warm anziehen und gutes Schuhwerk bei unseren Waldausflügen tragen. Im Wald wird es meist noch schattig sein und die Sonnenstrahlen, die auf den Waldboden dringen, wärmen uns noch nicht so richtig. Dennoch regen sich die ersten Frühjahrsblüher, die sich mit diesen Bedingungen zufriedengeben, und treiben ihre krautigen Blätter und Blüten aus. Wie schaffen sie das? Das Geheimnis liegt in ihren unterirdischen Speicherorganen wie Knollen, Zwiebeln oder Rhizomen. Darin haben sie im letzten Jahr Stärke und Mineralstoffe eingelagert, die nun sofort als Kraftreserve zur Verfügung stehen.

Ich erfreue mich jedes Frühjahr auch an den ersten Rufen der Vögel. Im Garten lassen sich schon Kohlmeise und Blaumeise vernehmen. Fast täglich nimmt die Zahl der Sänger zu und immer neue Vogelarten kommen aus südlichen Gefilden zurück und lassen ihre Ankunft mit ihren Gesängen verlauten. Auch die meisten Vogelarten, die den Winter bei uns verbracht haben, kommen jetzt in Singstimmung und ihre Gesänge ertönen an Tagen mit freundlichem Wetter.

Bald öffnen sich die Blätter

Die Blätter der Bäume lassen noch bis Anfang Mai auf sich warten, dennoch steckt die ganze Lebensenergie der Bäume bereits in ihren Knospen, aus denen sich langsam die Blätter entfalten. Schaut mal genau hin: Ein Baum – die Esche – sticht mit seinen schwarzen Knospen heraus. Daran lässt sich die Esche auch ohne Blätter unter all den restlichen Baumarten eindeutig erkennen. Dazu erzähle ich gerne die Geschichte „Warum die Esche schwarze Knospen bekommen hat“.

Das Leberblümchen kündigt den Frühling an.

WARUM DIE ESCHE SCHWARZE KNOSPEN BEKOMMEN HAT

Als einziger Baum hat die Esche ganz schwarze Knospen. Und das kam so:

Vor langer, langer Zeit begab sich der Teufel auf die Erde und durchstreifte die Landschaft. Nachdem er die Wiesen und Felder überquert hatte und an Seen und Flüsse vorbeigekommen war, gelangte er endlich in den Wald.

Dort traf er als Erstes auf die Birke, die vom Teufel angerufen wurde: „Du Birke, kennst du mich?“ Zutiefst erschrocken antwortete die Birke: „Ja, ich glaube, du bist der Teufel!“ Er antwortete darauf: „Das stimmt! Deswegen verneige dich vor mir!“ Völlig eingeschüchtert ließ die Birke ihre Äste hängen und ihre Rinde verfärbte sich kreidebleich. Dieser Schreck steht der Birke bis zum heutigen Tag ins Gesicht geschrieben.

Das gefiel dem Teufel sehr gut und er machte sich auf die Suche nach weiteren Bäumen. Dabei stieß er auf eine Weide, die am Ufer eines Baches verweilte. Der Teufel rief ihr zu: „Du Weide, kennst du mich?“ Zutiefst erschrocken antwortete die Weide: „Ja, ich glaube, du bist der Teufel!“ Er antwortete darauf: „Das stimmt! Deswegen verneige dich vor mir!“ Völlig erschrocken ließ auch die Weide ihre Äste hängen. Und bis zum heutigen Tag sehen wir besonders bei der Trauerweide, dass ihre Äste bis zum Boden herabhängen.

Eine kurze Zeit später traf der Teufel im Wald auf eine Pappel. Diese herrschte der Teufel ebenfalls an: „Pappel, kennst du mich?“ Und völlig irritiert antwortete die Pappel: „Ja, ich glaube, du bist der Teufel!“ Er erwiderte barsch darauf: „Das stimmt! Deswegen verneige dich vor mir!“ Das Gesicht der Pappel wurde grau vor Angst und ihre Blätter begannen zu beben. Sie war so erschrocken, dass bis zum heutigen Tag ihre Blätter bei jedem kleinen Windhauch zu zittern beginnen.

Zufrieden ging der Teufel tiefer in den Wald hinein und begegnete noch vielen Bäumen, mit denen er sein Spielchen trieb und sie ängstigte. Doch dann traf er auf die Esche, die aufrecht und gerade im Wald gewachsen war. Der Teufel raunzte auch die Esche an: „Esche, kennst du mich?" Die Esche nickte kurz und erwiderte selbstsicher: „Klar, du bist doch der Teufel." Und wie immer antwortete er darauf: „Das stimmt! Deswegen verneige dich vor mir!" Völlig unbeeindruckt antwortete die Esche: „Das fällt mir doch im Traum nicht ein!" Dies machte den Teufel sehr wütend und er schrie die Esche an: „Verneige dich gefälligst vor mir!"

„Nö … mach ich nicht", sagte die Esche. Daraufhin geriet der Teufel dermaßen in Wut und lief vor Zorn feuerrot an. Er spie einen großen Feuerball auf die Esche, sodass sie völlig schwarz verkohlte.

Doch im nächsten Frühling hatte sich die Esche wieder erholt, sie trieb frische grüne Blätter aus und wuchs zu einem stattlichen Baum heran. Lediglich ihre Knospen blieben kohlrabenschwarz und erinnern uns daran, wie die Esche dem Teufel widerstanden hatte.

1

2

1. Die Rinde der Birke wurde ganz blass vor Angst.
2. Die Weide ließ vor Schreck ihre Zweige hängen.

Mutig und aufrecht trotzte die Esche dem garstigen Teufel. Nur ihre Knospen sind bis heute kohlschwarz.

Blütenpracht im Frühlingswald

Die ersten Boten des Frühjahrs sind die Frühblüher. Ihre Strategie ist es, ganz früh im Jahr zu blühen, bevor die Bäume ihre Blätter austreiben. Denn nach dem Blattaustrieb erreicht immer weniger Sonnenlicht den Waldboden und die meisten Pflanzen können in der Dunkelheit des Waldes nicht gedeihen.

So früh im Jahr zu blühen, ist ein ganz schöner Kraftakt für die Pflanzen. Darum legen sie sich schon vor dem Winter Energiereserven in Knollen, Zwiebeln oder verdickten Wurzeln (Rhizomen) an. Damit können sie selbst zu unwirtlichen Zeiten, mitunter wenn noch Schnee auf dem Boden liegt, austreiben und ihre Blätter entfalten. In einem kurzen Zeitfenster müssen die Frühblüher blühen und ihre Samen reifen lassen, damit ihr Fortpflanzungszyklus bereits beendet ist, bevor das Blätterdach der Waldbäume den Boden beschatten.

BUSCHWINDRÖSCHEN

Wenn das Buschwindröschen blüht, beginnt der Erstfrühling. Seine Blüten sind weiß, manchmal auch leicht rötlich, und öffnen und schließen sich im Tag-Nacht-Rhythmus. So werden Pollen und Narbe vor Feuchtigkeit und Kälte geschützt. Verschiedene Insekten wie Bienen, Fliegen, Schwebfliegen und Käfer bestäuben diese Blume. Doch nicht nur aus den Samen können neuen Pflanzen wachsen, auch aus der Wurzel entwickeln sich neue Triebe. So entsteht am Waldboden oft ein ganzer Blumenteppich.
Achtung: Diese Pflanze ist giftig!

SCHLÜSSELBLUMEN

Die Schlüsselblumen werden auch Primeln genannt. Ihr lateinischer Name *Primula* bedeutet „die Erste“ und deutet auf das frühe Erscheinen dieser hübschen gelb blühenden Pflanze hin. Der Sage nach lässt sich mit den an Schlüssel erinnernde Blüten eine Schatztruhe der Zwerge und Elfen öffnen. Oder die Erdgöttin kann mit ihnen die Pforte zum Himmel öffnen („Himmelsschlüssel“). Die Echte Schlüsselblume erkennt man gut an ihrem Duft und an den fünf roten Punkten im Blütenkelch. Besonders Hummeln und Falter schätzen den Nektar aus den Blüten.

1

2

1. Das Buschwindröschen heißt auch Waldanemone.

2. Die Schlüsselblume gehört zu den geschützten Pflanzen.

BÄRLAUCH

Wildkräutern, die „Bär" in ihrem Namen tragen, wie z. B. auch Bärwurz, Wiesenbärenklau oder eben auch Bärlauch, sagt man Bärenkräfte nach. Bärlauch speichert seine Kraft in einer kleinen Zwiebel, die übrigens wie auch die Blätter lecker nach Knoblauch schmeckt. Aus dieser Zwiebel zieht die Pflanze die Energie, um an den ersten sonnigen Frühlingstagen mit dem Austreiben zu beginnen. Bärlauch wächst gerne auf feuchten Waldböden in Buchenwäldern. Nach dem Erscheinen der Blätter bilden sich die feinen, sternförmigen weißen Blüten. Nun geht es schnell, sobald die Samen gebildet sind und die Pflanze genügend Energie für das nächste Jahr gespeichert hat, verwelken die Blätter und verschwinden. Im Sommer findet man keinen Bärlauch mehr im Wald.

3

Nicht verwechseln

Bärlauch schmeckt lecker und wird gerne gesammelt. Dabei ist es ganz wichtig, dass man ihn nicht mit dem giftigen Maiglöckchen verwechselt. Außer am typischen Knoblauchgeruch erkennt man den Bärlauch daran, dass sich seine Blätter viel weicher anfühlen als die des Maiglöckchens. Außerdem treibt immer nur ein einzelnes Blatt an einem Stängel heraus. Beim Maiglöckchen hängen zwei Blätter an einem Stängel und erscheinen wie zwei Flügel – die Flügel des Todesengels.

SCHARBOCKSKRAUT

Das Scharbockskraut erkennt man an den gelben, sternförmigen Blüten und an den rundlichen, herzförmigen Blättchen. Der Name hat sich aus „Skorbutkraut" entwickelt. Skorbut ist eine Vitamin-C-Mangelerscheinung, unter der früher viele Menschen nach dem langen Winter litten. Der Verzehr der ersten grünen Blätter des Scharbockkrauts konnte dieser Krankheit entgegenwirken. Die Pflanze bildet an den Wurzeln kleine feigenähnliche Wurzelknöllchen als Speicherorgane und an den unteren Blattstielen entstehen getreidekorngroße Brutknöllchen, aus denen neue Pflanzen wachsen können.

4

3. Der Bärlauch bildet oft ganze Teppiche im Wald.

4. Die Blätter des Scharbockskrauts kann man nur essen, bevor es blüht.

1

2

3

1. Sind die Blüten des Märzenbechers nicht richtige kleine Kunstwerke?

2. Wie der Name schon sagt, blüht das März-Veilchen bereits im März.

3. Schneeglöckchen schaffen es, sogar im Schnee zu blühen.

MÄRZENBECHER

Die Märzenbecher bevorzugen feuchte Standorte wie Auwälder oder Randgebiete von Mooren. Die Blütezeit erstreckt sich gewöhnlich von März bis April. Ein anderer Name des Märzenbechers lautet Frühlings-Knotenblume und leitet sich von der frühen Blütezeit und einem verdickten, knotenartigen Fruchtknoten ab. Die duftenden Blüten sind glockenförmig und die sechs weißen Blütenblätter haben an ihrer Spitze einen grünlichen Fleck. Als Speicherorgan besitzt der Märzenbecher eine Zwiebel. Bienen und Tagfalter werden vom veilchenartigen Blütenduft angelockt und bestäuben die Blume. Verbreitet wird derselbe durch Tiere, die seine fleischige Frucht fressen und die runden Samen wieder ausscheiden. Märzenbecher gelten nach der Bundesartenschutzverordnung als besonders geschützt und nach der Roten Liste als gefährdet.

VEILCHEN

Bereits im März und April beginnt das März-Veilchen zu blühen, andere Veilchenarten erscheinen dann später im April und Mai. Die blaue Farbe der Veilchen entsteht durch einen Farbstoff namens Anthocyan. Seine Farbe kann sich von Blau zu Rot und Violett verändern, je nachdem wie säuerlich der Zellsaft der Pflanze ist. Auch Veilchensamen werden wie beim Schneeglöckchen von Ameisen verschleppt.

SCHNEEGLÖCKCHEN

Häufiger kommen die Schneeglöckchen vor, man findet sie auf Waldwiesen, in Auen und Laubwäldern, denn sie bevorzugen feuchte und schattige Standorte. Im phänologischen Kalender, der die Jahreszeiten anhand der Blühtermine bestimmt, bedeutet das Erblühen der Schneeglöckchen den Anfang des Vorfrühlings. Nach der Samenbildung sinkt der Stängel zu Boden. So können Ameisen an die Samen kommen und sie zu ihrem Bau tragen. Da sie aber nur das nahrhafte Anhängsel des Samens fressen, lassen sie den eigentlichen Samen irgendwo fallen und verbreiten so die Schneeglöckchen.

WALDMEISTER

Der Waldmeister gehört zur Gattung der Labkräuter (Seite 47). Man findet ihn meist in Laubwäldern, er blüht von April bis Mai. Man kann den Waldmeister gut erkennen, denn alle Labkräuter besitzen einen vierkantigen Stängel und die Blätter sitzen in einem sogenannten Quirl in Etagen rund um den Stängel.
Die frische Pflanze riecht überhaupt nicht nach dem bekannten Waldmeisterduft. Der Duft entsteht erst, wenn man den Waldmeister gepflückt hat und er zu welken beginnt – ähnlich wie bei frischem Gras, das erst später nach Heu duftet. Der dafür verantwortliche Inhaltsstoff ist das Cumarin. Ein Sträußchen Waldmeister wird dann gerne für die Waldmeisterbowle verwendet. Doch bitte nicht zu viel davon: Cumarin kann Kopfschmerzen verursachen.

Aus Waldmeister kann man einen Sirup kochen, mit dem man Getränke aromatisieren kann.

Ein Sträußchen Waldmeister für eine Frühlingslimo.

Entdeckungstour im Frühlingswald

Nach der langen Winterruhe in der Natur ist es besonders aufregend, die ersten Tiere zu beobachten. Wer entdeckt den ersten Zitronenfalter? Wer kann eine Hummel beobachten? Wer hört die ersten Gesänge der Vögel, die nun aus ihren Winterquartieren in südlichen Ländern wieder in unsere Wälder zurückkehren?

Hier fliegt schon die erste Erdhummel!

Auf unserer Pirsch durch den Frühlingswald geht es nicht darum, die großen Tiere zu entdecken. Wir suchen nach Frühlingsboten, die uns zeigen, dass das Leben im Wald nun wieder so richtig beginnt.

HUMMELN

Die ersten Frühlingsblüher bieten für Hummeln und andere Insekten Nektar und Pollen. Die Hummelkönigin hat von ihrem letztjährigen Volk als Einzige den Winter überlebt und gründet nun im zeitigen Frühjahr einen neuen Hummelstaat mit Arbeiterinnen und männlichen Drohnen. Dabei können Hummelköniginnen im Frühjahr schon ab zwei Grad ausfliegen und auf Nahrungssuche gehen. Die Hummelarbeiterinnen sind ab sechs Grad zu beobachten. Hummeln können die zum Fliegen notwendige Körpertemperatur durch Vibration der Brustmuskulatur erzeugen und darum bei so niedrigen Temperaturen fliegen. Honigbienen fliegen erst ab etwa zehn Grad aus. Als erste Hummelarten lassen sich ab März häufig Wiesenhummel, Dunkle Erdhummel und Ackerhummel beobachten.

ZITRONENFALTER

Der Zitronenfalter ist bereits bei den ersten warmen Sonnenstrahlen unterwegs. Sein Name stammt – ganz klar! – von den gelben Flügeln, die im noch grauen Einerlei des Waldes schöne Farbtupfer bilden. Während sich andere Schmetterlinge in der kalten Winterzeit in Verstecke zurückziehen, reicht dem Zitronenfalter eine einfache Baumspalte als Winterquartier oder er überwintert nahezu ungeschützt auf der Unterseite eines Blattes.

Der Zilpzalp singt seinen Namen: „Zilp-Zalp!"

Der Zitronenfalter ist ein auffälliger Frühlingsbote. Ich schaue ihm gern bei seinem Schaukelflug zu.

Völlig ungeschützt wartet der Zitronenfalter auf den Frühling.

Ganz schön winterhart

Diese außergewöhnliche Winterhärte verdankt der Zitronenfalter einem körpereigenen Frostschutzmittel. Durch Stoffe wie Glyzerin, Sorbit und Eiweiße gefriert seine Körperflüssigkeit nicht und er kann Temperaturen von bis zu minus 20 Grad schadlos überleben. So verharren Zitronenfalter oft den ganzen Winter an einem Platz, meist direkt an ihrem Futterbaum. Dort werden sie dann mit den ersten warmen Sonnenstrahlen im März sofort wieder aktiv und beginnen mit der Brautschau. Nach der Paarung findet die Eiablage schon im April statt und damit ist der Lebenszyklus des Zitronenfalters eigentlich abgeschlossen. Er ist dennoch einer der heimischen Schmetterlinge mit der höchsten Lebenserwartung und kann ein Alter von zwölf Monaten erreichen.

ZILPZALP

Dieser kleine, unscheinbare Singvogel kommt aus seinem südlichen Überwinterungsgebiet in unsere Wälder zum Brüten zurück. Mit seinem graugrünen Gefieder fällt er nicht besonders auf. Trotzdem kann man ihn von all den anderen Singvögeln durch seinen zweisilbigen Gesang besonders gut unterscheiden. Beständig singt er von frühmorgens bis abends sein Lied, in dem er seinen eigenen Namen unermüdlich wiederholt: „Zilp-Zalp, Zilp-Zalp". Bei seiner Rückkehr ins Brutgebiet sind noch keine Blätter der Bäume ausgetrieben, sodass man ihn im Geäst beobachten kann – sein Gesang verrät seinen Sitzplatz. Ohne Unterlass sucht er in den Bäumen nach kleinen Insekten und deren Larven, nach Spinnen und Asseln.

Kopfüber stürzt sich die hungrige Hummel in den leckeren Nektar.

Schwalben sind Flugkünstler und fangen Insekten in der Luft.

1

2

1. Wer früh zurückkehrt oder dem Winter trotzt ...

2. ... hat die Chance auf die besten Nistplätze.

SCHWALBEN

Bei uns sind Rauchschwalbe und Mehlschwalbe die häufigsten Schwalbenarten. Sie erscheinen im April, nachdem sie den Winter in Afrika verbracht haben. Die Rauchschwalbe brütet oft in offenem Kulturland und in Dörfern. Außerhalb der Brutzeit übernachten die Rauchschwalben in großen Trupps im Schilf. Mehlschwalben hingegen übernachten außerhalb der Brutzeit auf Bäumen. Da ihre Hauptnahrung aus Insekten besteht, sind Schwalben bei uns erst wieder aktiv, wenn die Temperaturen warm genug sind, dass auch wieder viele Insekten fliegen.

Warum Vögel in den Süden ziehen

Viele Vogelarten, die sich hauptsächlich auf Insektennahrung spezialisiert haben, finden bei uns in der kalten Jahreszeit nicht genügend Nahrung. Darum müssen sie in Gebiete fliegen, in denen es auch in den Wintermonaten so warm ist, dass sie Insekten als Nahrung finden können. Der Vogelzug erstreckt sich dabei unterschiedlich weit. Manche Arten fliegen nur bis in den Mittelmeerraum, andere überqueren das Mittelmeer und verbringen den Winter in Afrika. Bei manchen Vogelarten sind Wanderstrecken bis zum Äquator oder sogar bis nach Südafrika bekannt.
Bei der Rückkehr im Frühling ist gutes Timing gefragt. Die ersten Heimkehrer haben die Chance, die besten Brutgebiete zu besetzen, riskieren aber noch Kälte, Futtermangel und Wetterkapriolen. Die Spätheimkehrer sind da auf der sicheren Seite, müssen aber mit den Brutplätzen vorliebnehmen, die noch nicht besetzt sind. So haben sich aus manchen Vogelarten wie der Amsel mittlerweile auch vermehrt Standvögel entwickelt, also Vögel, die nicht wegziehen. In Mitteleuropa verlässt zwar ein Teil der Amseln im Winter das Brutgebiet und fliegt nach Südeuropa oder bis nach Nordafrika, aber ein Teil der Population bleibt im Winter hier.

SPECHTE

Es gibt mehrere Spechtarten in unseren Wäldern. Der größte ist der Schwarzspecht, er wird etwa so groß wie eine Krähe. Dagegen ist der Kleinspecht gerade mal so groß wie eine Kohlmeise oder ein Rotkehlchen. Die häufigste Spechtart in unseren Wäldern ist der Buntspecht. Er kommt auch im Winter an die Vogelfutterstelle in den Garten. Die meiste Zeit des Jahres ernährt er sich von Insekten und deren Larven. Im Winter allerdings muss er seine Ernährung umstellen. Dann frisst er auch Nüsse, Körner und Samen von Fichten- oder Kiefernzapfen. Die Überreste der zerhakten Zapfen finden wir unter der sogenannten „Spechtschmiede“: Das ist eine Stelle am Baum, an der der Specht die Zapfen eingeklemmt, um die Samen besser fressen zu können (hintere Klappe).

Trommelwirbel

Das typische Trommeln der Spechte dient im Frühjahr der Reviermarkierung und der Partnersuche. Dazu sucht sich der Specht einen trockenen Ast oder einen toten Baumstamm, die sich als Resonanzkörper besonders gut eignen – und trommelt drauf los. Jede Spechtart hat ganz unterschiedliche Rhythmen, an denen man sie unterscheiden kann. Der Schwarzspecht klopft wohl am längsten und sein Trommeln ist besonders eindrucksvoll und laut, man kann es zwei bis drei Kilometer weit hören. Der einzelne Wirbel dauert bis zu 2,5 Sekunden und kann aus 35 bis 43 Einzelschlägen bestehen. Der Trommelwirbel des Buntspechtes besteht aus 11 bis 20 Schlägen und dauert weniger als eine Sekunde. Auch Weibchen können trommeln, doch ihre Trommelwirbel sind etwas kürzer.

Der Kleinspecht wird nur 15 cm groß.

Der Schwarzspecht wird über 40 cm groß.

Der Buntspecht trommelt, um sein Revier zu markieren und ein Weibchen anzulocken.

KUCKUCK

Ab Mitte April kehrt der Kuckuck aus seinen Überwinterungsgebieten zurück. Dann können wir seinen Reviergesang, den bekannten „Gu-kuck"-Ruf, immer öfter hören. „Gu-Kuck" ruft nur das Männchen, die Weibchen haben einen trillerartigen Ruf, den sie bei Erregung erklingen lassen. Mit etwas Glück lässt sich ein Kuckuck auch beobachten: Er ist etwa taubengroß und hat eine graue oder braune Färbung. Im Flug kann man seine gebänderte Brustseite erkennen, da ähnelt der Kuckuck einem Sperber oder Falken. Vermutlich soll die Ähnlichkeit mit einem Raubvogel die Singvögel erschrecken und von ihren Nestern vertreiben, damit das Kuckucksweibchen dort ungestört ihr Ei ablegen kann. Im Gegensatz zum Sperber, der kleine Vögel frisst, ernährt sich der Kuckuck hauptsächlich von Insekten, Schmetterlingsraupen, Spinnen und Regenwürmern.

»Kuckuck, Kuckuck ruft's aus dem Wald.« Wer kennt noch dieses Frühlingslied?

1

2

1. Der Kuckuck hat sein etwas größeres Ei in ein Nest geschmuggelt.
2. Die fremden Vogeleltern ziehen das Kuckucks-Küken groß.

ERDKRÖTE

Unter den Krötenarten ist die Erdkröte unsere häufigste und größte Art. Die Weibchen können bis zu 100 Gramm schwer und doppelt so groß wie die Männchen werden. Bereits im März beginnt die Wanderung der Kröten aus ihren Überwinterungsquartieren im Wald oder aus anderen Verstecken. Während der Winterzeit fallen die Amphibien in eine Kältestarre, dabei werden ihre Lebensfunktionen stark gedrosselt, das Herz schlägt nur noch ganz langsam und sie atmen kaum noch. Erst bei zunehmender Lufttemperatur, etwa ab fünf Grad, werden die Tiere wieder aktiv. Den Startschuss zur Wanderung geben die ersten warmen Frühlingnächte nach der langen, kalten Winterzeit.

Huckepack

Los geht die Wanderung. Dabei bewegen sich die Kröten krabbelnd und schreitend, nur selten hüpfend wie ein Frosch. Auf der Laichwanderung kann es vorkommen, dass ein Männchen auf ein Weibchen trifft, sich auf seinem Rücken festkrallt und sich so zum nächsten Laichgewässer tragen lässt. Dort legen die Krötenweibchen Laichschnüre mit vielen Eiern ab, die von den Männchen befruchtet werden.

Das kleinere Erdkröten-Männchen lässt sich vom Weibchen gerne Huckepack tragen.

	KRÖTE	**FROSCH**
Haut	Meist braun, trocken und warzig	Meist glatt, grünlich und feucht
Körperbau	Dick und rundlich, kurze Beine, keine Schwimmhäute zwischen den Zehen	Schlank, lange Beine
Fortbewegung	Krabbelt und läuft	Hüpft
Lebensraum	Lebt an Land und geht nur zum Laichen ans Gewässer	Wohnt gerne im und am Wasser
Laich	Laichschnüre	Laichklumpen
Stimme	Der Ruf ist ein leises „öök,öök,öök"	Wasserfrösche rufen laut und intensiv zur Laichzeit, der Grasfrosch hat ein dumpfes Knurren

Vögel entdecken mit den Ohren

Jede Vogelart hat ihren arteigenen Gesang. Er dient vor allem den Männchen dazu, ihr Revier abzugrenzen und Weibchen anzulocken. Die Vielzahl an Gesängen und Strophen sind für den Zuhörer anfangs noch verwirrend, aber mit etwas Übung kann man die wichtigsten Vogelgesänge heraushören.

Im Wald kann man Vögel wegen des Laubs oft nicht so gut sehen, aber sie verraten ihre Anwesenheit durch ihren Gesang.

VÖGEL „REDEN" NUR UNTEREINANDER

Jede Vogelart hat einen ganz typischen, arteigenen Gesang. Die Vögel verständigen sich damit nur mit anderen Vertretern der eigenen Vogelart, auf fremden Vogelgesang einer anderen Art reagieren die Vogelmännchen gar nicht. Aber wehe es dringt ein Rivale ein und singt im eigenen Revier, dann kann es schon auch zu richtig aggressiven Auseinandersetzungen kommen.

MERKSPRÜCHE ZU DEN VOGELSTIMMEN

Im März und April kann man im Wald die singenden Vögel noch gut beobachten, aber mit dem Laubaustrieb sieht man sie dann oft nicht mehr. Dann hilft es, wenn wir gelernt haben, die Vögel an ihren Stimmen zu erkennen. Einige Vogelgesänge sind leichter zu merken, andere Gesänge sind schwieriger zu erkennen. Da gilt es einfach zu üben, hinzuhören und zu vergleichen. Um sich den Gesang der Vögel einzuprägen hilft es auch, die Melodie einfach mal nachzupfeifen. Und zum Glück gibt es auch ein paar Merksprüche zu den Vogelstimmen

Eselsbrücken

Merksätze sind wie Eselsbrücken und helfen, den Gesang der Vögel nachzuahmen und in menschliche Sprache zu übertragen. Diese Eselsbrücken lernt man am besten, wenn man sich die Vogelstimmen von einer Stimmaufnahme anhört und sie dann mit der lautmalerischen Umschreibung vergleicht. Dann versucht man, die Stimmen im Wald wiederzuentdecken. Versucht es selbst: Hört euch mit Hilfe unserer kostenlosen Kosmos-Plus-App (Seite 126) die Stimmen der Vögel auf den Fotos an und vergleicht den Merksatz mit der „Melodie", die ihr hört.

Buchfink 001 „Ich, ich trinke gerne würziges Bier" oder „Ich, ich bin ein Unteroffizier".

Goldammer 002 „Wie, wie hab ich Dich liiiieb" oder „Wie, wie, wie bin ich so müüüd".

Singdrossel 003 „Philip-Philip-Philip", dann Strophenwechsel.

Kohlmeise 004 „Zizi-bäh" oder „Ju-dith Ju-dith".

Zaunkönig 005 „Ich, ich, ich bin derrr König bin ich!"

Zilp-Zalp 006 „Zilp-Zalp".

DIE VOGELUHR

Am frühen Morgen, zum Teil noch während der Morgendämmerung, beginnen die Vögel zu singen. Es beginnen immer die gleichen Vogelarten und dann kommen nacheinander die anderen dazu und steigen ins Konzert mit ein.

Wir sprechen von einer Vogeluhr, mit der man ungefähr sagen kann, welche Art wann zu singen beginnt. Es lohnt sich, einmal das Erwachen der Vogelstimmen ganz bewusst anzuhören und herauszufinden, welche Vogelarten gerade ihren Gesang ertönen lassen. Ein Waldabenteuer für Frühaufsteher.

KEINE FESTEN UHRZEITEN

Die Vögel haben für ihren Gesang keine festen Uhrzeiten, sondern der Beginn ihres Gesangs orientiert sich am Sonnenaufgang. Außerdem hängt er von der Jahreszeit, dem Wetter und den örtlichen Gegebenheiten ab. Die Reihenfolge der Vögel ist aber überall weitgehend gleich. Die Frühaufsteher sind der Garten- und der Hausrotschwanz. Sie singen schon über eine Stunde, bevor die Sonne aufgeht. Es geht weiter mit Rauchschwalbe und Singdrossel, dicht gefolgt von Rotkehlchen und Amsel. Etwas später folgen Kohl- und Blaumeise und zuletzt stimmt, kurz bevor die Sonne aufgeht, der Spätaufsteher Buchfink ins Konzert mit ein.

Der Gartenrotschwanz ist ein echter Frühaufsteher und beginnt schon 80 Minuten vor Sonnenaufgang zu singen.

VOGELKONZERT FÜR LANGSCHLÄFER

Wer nicht schon vor Sonnenaufgang im Wald sein kann oder will, der kann sich mit Hilfe der Kosmos-Plus-App die Vogelstimmen auch erst einmal zu Hause anhören. Spielt sie mit Hilfe der Codes in der Reihenfolge ab, in der die Vögel zu singen beginnen.

1 Gartenrotschwanz 007
2 Hausrotschwanz 008
3 Rauchschwalbe 009
4 Singdrossel 003
5 Rotkehlchen 010
6 Amsel 011
7 Goldammer 002
8 Mönchsgrasmücke 012
9 Zaunkönig 005
10 Zilpzalp 006
11 Blaumeise 013
12 Kohlmeise 004
13 Fitis 014
14 Stieglitz 015
15 Grünfink 016
16 Star 017
17 Buchfink 001

Hört euch die Vogelstimmen über unsere App an. Wie das funktioniert, steht auf Seite 126.

Waldabenteuer im Frühling

Wir wollen mit Spaß und Freude die Natur erkunden, dabei sind Abwechslung und Neugierde gute Begleiter. Mit einfachen Aufgabenblättern lösen wir verschiedene Naturrätsel, mit Naturspielen begreifen wir spielerisch die Zusammenhänge, Experimente fordern uns heraus und liefern oftmals erstaunliche Ergebnisse.

Der Waldmeister blüht! Wer hat ihn schon entdeckt?

DAS FRÜHLINGSBOTEN-QUIZ

In diesem Quiz bekommt jeder ein Blatt Papier mit den wichtigsten Frühlingsboten, die es zu entdecken gilt. Ihr könnt das Blatt selbst erstellen oder die Vorlage unten benutzen. Schaut euch auf den vorigen Seiten die Frühlingsboten auf den Fotos noch einmal genau an, damit ihr sie alle erkennt.

So geht's

Ab Mitte März startet ihr am Waldrand auf der Südseite oder auf einer Waldlichtung, auf die ein bisschen die Sonne durchdringen kann. Ihr habt 30 Minuten zum Erforschen, dann kommen alle Forscher auf ein verabredetes Signal hin wieder zusammen. Jeder bekommt einen Quizbogen und einen Bleistift. Von einem Startpunkt aus schwärmen wir aus und erforschen die nähere Umgebung. Dabei üben wir das aufmerksame Beobachten, schauen uns die Pflanzen genauer an, ob wir schon Frühblüher darunter entdecken und lauschen den Stimmen des Waldes. Vielleicht hören wir das Trommeln eines Spechts? Wenn wir eine Art entdeckt haben, kreuzen wir sie auf dem Quizbogen an und vergleichen später die Ergebnisse mit den anderen Forschern.

Wer findet die Frühlingsboten?

☐ Hummel	☐ Kuckuck	☐ Bärlauch
☐ Zitronenfalter	☐ Erdkröte	☐ Schneeglöckchen
☐ Zilpzalp	☐ Buschwindröschen	☐ Veilchen
☐ Schwalbe	☐ Schlüsselblume	☐ Waldmeister
☐ Specht	☐ Scharbockskraut	☐ Märzenbecher

Birkenrinde ist ein toller, natürlicher Feuerstarter.

Feuer machen

- Feuerstelle
- Zunderstahl mit Abreiber
- Wattepads
- Birkenrinde
- Fichtenreisig
- trockene kleine Äste
- Feuerholz

EIN FEUER MIT FUNKEN ENTZÜNDEN

Ist es euch noch zu kalt im zeitigen Frühjahr? Dann wollen wir uns ein kleines Lagerfeuer entzünden (Waldregeln Seite 12/13), um uns zu wärmen. Damit das Feuermachen noch spannender wird, versuchen wir, das Feuer mit einem Feuerstahl zu entzünden.

Der Feuerstahl besteht aus einer Legierung verschiedener Metalle, die beim Abreiben mit einem Stück Blech oder Stahl einen heißen Funken erzeugt. Dieser Funke muss dann auf den Zunder treffen, den er entzünden kann. Bereits das Funkenschlagen ist für Groß und Klein ein Vergnügen, aber auch eine Herausforderung. Die Freude ist dann riesig, wenn der entscheidende Funken unser Feuer entzündet. Dabei ist es wichtig, dass das weitere Zundermaterial und das Brennholz gleich griffbereit zur Verfügung stehen.

Alles gut vorbereiten

Zuerst müssen wir Brennmaterial sammeln und an unserer Feuerstelle (Grillplatz) zusammentragen. Wir brauchen kleinen Äste, die nicht dicker als ein Bleistift sind und die man möglichst nicht direkt vom Waldboden aufsammelt. Dort können sie Feuchtigkeit aufgesogen haben und brennen dann nicht. Darum lieber trockene Zweige und abgestorbene Äste nehmen, die entweder noch als Totholz an den Bäumen hängen oder ohne Bodenkontakt im Gestrüpp liegen. Außerdem ziehen wir etwas Birkenrinde von einem Stamm und brechen etwas trockenes, abgestorbenes Fichtenreisig von jungen Fichten. Und wir brauchen noch ein paar stärkere, trockene Holzstücke.

Unser Feuer-Tipi

Als Zunder haben wir uns Wattepads mitgebracht, die wir in der Mitte aufreißen, sodass die flauschige Innenseite zu sehen ist. Daraus und mit etwas Birkenrinde und Fichtenreisig bauen wir uns ein Zundernest. Nun versuchen wir durch Reiben des Eisenblechs auf dem Feuerstahl einen heißen Funken in das Zundernest zu schlagen. Es wird nicht allzu lange dauern, bis die faserigen Wattepads den Funken auffangen und zu brennen beginnen. Über das brennende Zundernest können wir jetzt die Birkenrinde legen und darüber stapeln wir behutsam dünne Stöckchen vom Fichtenreisig. Über das brennende Feuernest bauen wir dann das Feuer-Tipi: Dabei beginnen wir mit den dünnsten Stöckchen und legen dann die dickeren Stöcke zeltartig darauf. Sobald das Feuer-Tipi brennt, können wir weiteres Holz fürs Lagerfeuer auflegen. Dabei ist es wichtig, dass die Flammen nicht erdrückt werden und dem Feuer genügend Sauerstoff zur Verfügung steht. Nachdem wir uns am Feuer aufgewärmt haben, können wir uns frische Stöcke von Weide oder Haselnuss schneiden und daran Apfelstücke erhitzen, Stockbrot backen (Seite 81) oder Würstchen grillen.

Geschafft!
Das Feuer brennt und zur Belohnung können wir ein paar Marshmallows grillen.

Mit selbst hergestellter Kohle zu zeichnen macht besonders Spaß.

Aus Haselstöckchen stellen wir Zeichenkohle her.

Ein ganzes Bündel Stöckchen kommt in die Dose zum Verkohlen.

ZEICHENKOHLE HERSTELLEN

Nachdem wir schon ein zünftiges Lagerfeuer entfacht haben, können wir die verbliebene Glut zur Herstellung von Zeichenkohle nutzen. Dazu schlagen wir mit einem Nagel ein Loch in den Deckel einer leeren Keks- oder Blechdose. Die Dose füllen wir mit frisch geschnittenen Stöckchen von Weide, Haselnuss oder anderen Weichhölzern. Die Stöckchen sollten möglichst gerade und ohne Äste sein, die Rinde darf ruhig dranbleiben, kann aber gerade jetzt im Frühling auch recht leicht abgeschält werden. Die gefüllte Dose stellen wir in die Feuerglut und beobachten dabei, wie weißer Rauch aus der Dose entweicht. Nach etwa 30 Minuten ist die Feuchtigkeit aus den Stöckchen entwichen. Man erkennt das daran, dass es nicht mehr aus der Dosenöffnung herausqualmt. Die Dose wird jetzt vorsichtig aus der Glut geholt und das Loch im Deckel mit einem Aststückchen luftdicht verschlossen. Nach etwa 10 Minuten ist die Dose soweit abgekühlt, dass man den Deckel abheben kann. Die Holzstäbchen wurden in der Dose unter Ausschluss von Sauerstoff zu Holzkohle. Am besten können wir die Zeichenkohle gleich auf einem Zeichenblock ausprobieren und darauf unsere Erlebnisse vom Waldbesuch aufzeichnen.

Zeichenkohle

- leere Keksdose mit Deckel
- Nagel
- 10 cm lange Aststücke von Weide und Haselnuss
- Zeichenblock oder Karton

Essbares aus dem Frühlingswald

Unsere Vorfahren holten sich noch einen großen Teil ihrer Nahrung aus dem Wald. Ich habe hier ein paar Rezepte und Ideen für euch, was man aus Bäumen und Pflanzen alles herstellen kann. Das Wichtigste dabei ist, dass man alle Zutaten, die man selbst sammelt, auf jeden Fall kennt und richtig bestimmt hat.

Tropfen für Tropfen gibt die Birke ihren köstlichen Saft ab.

Birkenwasser zapfen

- Birke
- Handbohrer oder Taschenmesser
- Holunderästchen
- Flasche oder Becher
- ein Stück Schnur

BIRKENWASSER ZAPFEN

Die bekannteste Methode, Baumsaft anzuzapfen, ist die Gewinnung von Ahornsirup. Dabei werden die Säfte der Zuckerahorne (diese kommen an der Ostküste in Kanada und USA vor) im großen Stil gewonnen und zu Sirup weiterverarbeitet. In Skandinavien, Russland und im Baltikum ist das Anzapfen der Birken weit verbreitet. Der Birkensaft wird dort zu einem wein- oder sektähnlichen Getränk vergoren, aber auch zu Sirup oder „Birken-Bier“ verarbeitet. Birkenwasser kann man bei uns inzwischen in Drogerien oder Reformhäusern kaufen.

Erst um Erlaubnis fragen

Natürlich dürfen wir nicht einfach irgendwelche Birken anbohren, aber vielleicht finden sich ja Birken im eigenen Garten oder wir fragen einen Waldbesitzer um Erlaubnis, bei dem sich Birken im Baumbestand befinden. Dann kann es losgehen:
Mit einem Handbohrer oder mit der Klinge des Taschenmessers wird ein fünf Millimeter großes Loch etwa drei bis vier Zentimeter tief auf Brusthöhe in den Birkenstamm gebohrt. Aus einem Holunderästchen, aus dem das Holundermark entfernt wurde, schnitzen wir ein Röhrchen, das genau in das Bohrloch passt und stecken es fest in das Loch. An den Stamm hängt man mit Hilfe einer Schnur eine leere Flasche oder einen Becher direkt unter das Bohrloch. Jetzt sammeln sich die Tropfen aus dem Bohrloch im Gefäß und bereits nach einer Stunde haben wir eine Tasse voll köstlichem Birkenwasser. Nach dem Zapfen das Röhrchen aus dem Bohrloch entfernen, damit der Baum die Wunde verschließen kann.

WILDE NEUN-KRÄUTER-SUPPE

Unsere Vorfahren haben diese Kräutersuppe nach der langen Winterzeit genutzt, um mit den ersten Wildkräutern die Wintermüdigkeit zu bekämpfen und neue Energien zu erlangen. Die Suppe wirkt vitalisierend, sie ist vitaminreich und entschlackend zugleich. Heute weiß man, dass gerade wilde Pflanzen ein regelrechtes Superfood sind. Mineralstoffe, Vitamine, Bitterstoffe und vieles mehr sind in den Wildkräutern enthalten – und zwar in sehr viel höheren Mengen als in herkömmlichem Obst, Gemüse und Salat. Brennnesseln etwa enthalten mehr Vitamin C als Zitronen, außerdem viel Eiweiß und Eisen, Bärlauch enthält Senföle, die wie beim Knoblauch desinfizierend, abwehrstärkend und durchblutungsfördernd wirken.

An den Geschmack gewöhnen

Wildkräuter überzeugen aber nicht nur durch ihren hohen Vitamin- und Mineralstoffgehalt, sondern auch durch ihren Geschmack. Giersch etwa schmeckt nach einer Mischung aus Karotte und Petersilie. Gewöhnungsbedürftig an den Wildkräutern wird allerdings der höhere Gehalt an Bitterstoffen sein, den wir nicht mehr gewohnt sind. Dafür sind diese Bitterstoffe für die Anregung unseres Stoffwechsels hervorragend geeignet.

Neun müssen sein

Die Zusammensetzung der Kräuter für die Suppe variiert regional. Allerdings sollten sich in jeder Neun-Kräuter-Suppe auch wirklich neun verschiedene Kräuter finden. Welche das letztlich sind, ist dem persönlichen Geschmack überlassen.

Ein tolles Erlebnis ist es, die Suppe mit frisch gesammelten Kräutern direkt am Lagerfeuer zuzubereiten.

Brennnessel

Sauerampfer

Giersch

Gänseblümchen

Spitzwegerich

Suppe für vier Personen

- 250 g Kräuter
- 30 g Butter
- 2 Zwiebeln
- 2 EL Mehl
- 1 l Gemüsebrühe
- 250 g Sahne oder Schmand
- Salz, Pfeffer, Muskat

Die klassischen neun Wildkräuter oben können durch andere Arten oder auch durch Gartenkräuter ausgetauscht werden. Traditionell wird die Neun-Kräuter-Suppe auch heutzutage noch als Gründonnerstagssuppe am Donnerstag vor Ostern gegessen. Selbstverständlich schmecken die frischen Frühlingskräuter aber auch an jedem anderen Tag gut! Zu den Frühlingskräutern, die gut in die Suppe passen, gehören Brennnessel, Spitzwegerich, Gänseblümchen, Löwenzahn, Sauerampfer und Bärlauch – das sind schon die sechs bekannteren Arten! Giersch, Knoblauchsrauke und Vogelmiere vervollständigen die Neun-Kräuter-Suppe. Man kann aber auch Frauenmantel, Scharbockskraut (nicht zu viel!), Taubnessel, Brunnenkresse, Labkraut oder Gundelrebe verwenden. Einzelne Wildkräuterarten können auch durch Schnittlauch, Thymian, Kerbel, Petersilie und viele andere Küchenkräuter ersetzt werden.

Zubereitung

Zwiebel würfeln und in geschmolzener Butter glasig dünsten. Mit Mehl bestäuben und anschwitzen lassen. Dann mit der Hälfte der Gemüsebrühe und der Sahne aufgießen und kurz aufkochen lassen.
Danach die klein geschnittenen Kräuter möglichst ohne Stiele und nur die jungen Triebe mit der zweiten Hälfte der Sahne und der Brühe dazugeben, pürieren, etwa zehn Minuten ziehen lassen und mit Salz, Pfeffer und Muskat abschmecken. Die fertige Suppe kann man dann noch mit Gänseblümchen verzieren.
Wichtig: Wenn die Kräuter in der Suppe sind, diese nicht mehr kochen lassen.
Lecker dazu: Wenn ihr die Suppe am offenen Feuer zubereitet, dann macht doch gleich Stockbrot dazu. Das passt wunderbar und macht schön satt. Das Rezept dafür steht auf Seite 81.

Knoblauchsrauke

Vogelmiere

Löwenzahn

Bärlauch

BÄUME ESSEN

Es sind nicht nur Wildkräuter, die schmackhafte Grundlagen für Suppen und Gemüse sein können, ihr könnt auch die ersten zarten Blätter von einigen Laubbäumen probieren.

Buche

Die zartgrünen Blätter der Buche schmecken leicht säuerlich, fast als ob ein Tropfen Zitrone darauf geträufelt wurde – oder ein bisschen wie Sauerampfer. Man kann die Blätter für Salate, Smoothies und Pestos verwenden. Ganz jung – gleich nach dem Austreiben im April oder Mai – enthalten die Blätter nur wenig Bitterstoffe, diese bilden sie erst nach zwei bis drei Wochen. Danach verändert sich auch die hellgrüne Farbe der Blätter in ein dunkleres Grün.

Linde

Die Linde schenkt uns mit ihren jungen, frischen Blättern ein köstliches Blättermahl, und das nicht nur kurz nach dem Austreiben der Blätter. Die Lindenblätter können ab April bis in den Juni hinein geerntet werden, weil sie kaum Bitterstoffe bilden. Natürlich sind die jungen, frisch ausgetriebenen Blätter die zartesten und feinsten. Sie schmecken mild und leicht süßlich, man kann sie als Salat essen oder auch lecker füllen. Zu den Blättern der Linde gibt es auch eine wunderschöne Geschichte. Wollt ihr sie hören? Dann blättert mal um.

Im Wald finden wir einen reich gedeckten Tisch an essbaren Kräutern und Baumblättern.

WARUM DIE LINDE HERZFÖRMIGE BLÄTTER HAT

Ein Baum, dessen Blätter aussehen wir Herzen – ist das nicht schön? Ich erzähle euch, warum das so ist.

Eine alte Geschichte erzählt, dass es vor langer Zeit ein kleines keltisches Dorf gab. Dort lebten die Leute gut zusammen und arbeiteten gemeinsam auf den Feldern oder holten Holz aus dem Wald. Es lebte dort auch eine junge hübsche Frau und natürlich hatte sie viele Verehrer unter den jungen Männern. Doch es gab einen jungen Burschen, der alleine auf einem Bauernhof lebte, der dieses Mädchen besonders lieb hatte. Er hoffte so sehr, das junge Mädchen zur Frau zu gewinnen.

Doch es gab im Dorf auch einen jungen Krieger, der war sehr stark, war schon viel herumgezogen und hatte manche Schlacht gewonnen. Auch dieser Krieger wollte das junge Mädchen zur Frau haben.

Es gefiel dem Mädchen sehr, von zwei Verehrern so umgarnt zu werden. Doch das säte auch Ärger und Streit in dem kleinen Dorf. Deswegen gingen die Ältesten zu dem Mädchen und sagten ihr, sie müsse sich nun entscheiden, welchen der beiden Männer sie heiraten möchte. „Nun gut“, willigte das Mädchen ein, und gab bekannt, dass sie denjenigen zum Mann nehmen würde, der ihr das schönste Geschenk brächte.

Da freute sich der Krieger und ging siegessicher nach Hause, denn er hatte von seinen Schlachten viele wertvolle Schätze mitgebracht. Da würde er bestimmt etwas finden, mit dem er die junge Frau für sich gewinnen konnte. Dagegen ging der junge Bauer völlig betrübt zurück zu seinem Hof, denn er hatte ja keine Schätze und nichts von Wert, was er dem Mädchen schenken konnte. Wie so oft, wenn er traurig war, kletterte er in den großen Lindenbaum, der vor seinem Hof stand, und setzte sich in der Baumkrone auf einen Ast.

Bekümmert nahm er ein Blatt des Baumes in die Hand und schnitt mit seiner Schere ein Herz daraus, dann ein zweites und dann ein weiteres, bis er alle Blätter zu Herzen geschnitten hatte. Total erschöpft schlief er auf dem Baum ein.

Am nächsten Morgen, als die junge Frau die Geschenke der Männer betrachten wollte, um sich zu entscheiden, wen sie denn zum Manne nehmen wolle, erschien nur der Krieger. Dieser hatte eine kleine Holzkiste mit wertvollen Ketten, Ohrringen und Schmuckstücken mitgebracht. Das Mädchen war schon voller Freude über dieses herrliche Geschenk, doch sie wollte noch das Geschenk des Bauern abwarten. Dieser kam jedoch nicht, denn er schlief noch immer oben in der Baumkrone. Deshalb ging die junge Frau zum Hof des jungen Bauern, und wollte nach ihm sehen. Als sie auf den Hof kam, entdeckte sie den Bauern im Baum sitzen:

1000 Blätter in Herzform umgaben ihn, ja selbst der ganze Baum sah aus wie ein großes Herz. Da erkannte sie, wie sehr der junge Bauer sie lieben musste und rief ihn zu sich. Sie umarmte ihn und die beiden wurden ein Paar und heirateten. Und? Bis zum heutigen Tag tragen Linden herzförmige Blätter.

Unter großen, ausladenden Linden wurde früher auch oft geheiratet.

SOMMERSONNE

Die Sonne brennt, es ist heiß, aber unter dem schattigen Blätterdach im Wald bleibt es angenehm kühl. Wir erkunden voller Energie den Sommerwald.

Waldglück im Sommer

Die Balz- und Brutzeit der Vögel endet, langsam wird es stiller im Wald. Dafür beginnt nun die Hochsaison der Krabbeltiere, die Rehe verlieben sich ineinander und die süßen Waldbeeren werden reif.

Ab Juli, spätestens im August verstummen die Vögel. Dann ist die Brutzeit zu Ende und sie gönnen sich eine Atempause. Im Sommer finden wir dafür häufig Federn, da die Vögel diese jedes Jahr während der Mauser erneuern. Mit etwas Übung lassen sich die Federn den jeweiligen Vogelarten zuordnen.

HOCHSAISON FÜR KRABBELTIERE

Der Sommer bedeutet für Schmetterlinge und andere Insekten Hochsaison. An warmen Sommertagen flattert und krabbelt es überall. Ausgerüstet mit einer Lupe oder einem Becherglas können wir so auch den kleinen Waldbewohnern näherkommen. An Teichen oder Bächen erspähen wir die fluggewandten Libellen, wie sie pfeilschnell Jagd auf fliegende Insekten machen. Im Juli schwärmen zur Dämmerungszeit die Glühwürmchen und die Männchen sind mit ihren Blinksignalen eifrig auf Brautschau.

VERLIEBTE REHE UND LECKERE BEEREN

Bei den Rehen beginnt Ende Juli ebenfalls eine besonders aufregende Zeit: die Brunft. Die Rehböcke sind viel unterwegs und suchen nach den Rehgaisen. Mit etwas Glück können wir das Treiben der Rehe im Wald oder auf einer Waldwiese beobachten.
Im August verwöhnt uns der Wald mit einer Vielzahl an reifen Beeren. Wir finden Brombeeren, Himbeeren, Walderdbeeren und Blaubeeren. Die Vorfreude auf eine Marmelade, die wir aus den Waldfrüchten zubereiten können, weckt unsere Sammelleidenschaft.

Verliebte Libellen bilden bei der Paarung ein Herz.

Was blüht im Sommer?

Die Wildkräuterkunde ist ein spannendes Thema, allerdings braucht es etwas Zeit und Ausdauer, sich dieses Wissen anzueignen. Dann können wir die Pflanzenwelt mit Neugierde und Spannung erforschen und entdecken außer Löwenzahn und Gänseblümchen noch weitere Vertreter der Pflanzenfamilien.

Eine Sammlung mit gesammelten und gepressten Pflanzen anlegen, in der man immer wieder nachschauen kann.

Im Juni und Juli finden wir die meisten Wildkräuter in voller Pracht und können die Pflanzen anhand ihrer Blüten und Blätterform bestimmen. Ein gutes Bestimmungsbuch hilft dabei, die Pflanzen zu erkennen. Am einfachsten ist es, die Pflanzen nach ihrer Blütenfarbe im Buch zu bestimmen („Was blüht denn da“), eine App für das Smartphone („Flora Incognita“) kann auch sehr hilfreich sein.

EIN HERBARIUM ANLEGEN

Um sich mit den Pflanzen vertraut zu machen, kann man gezielt Wildkräuter sammeln, diese sorgfältig trocknen und ein kleines Herbarium erstellen. Diese Pflanzensammlung ist lange haltbar, lässt sich sehr kreativ gestalten und das Sammeln und Pressen der Pflanzen macht auch Kindern viel Spaß. Dazu sammeln wir die Wildpflanzen an einem trockenen Tag, schneiden sie möglichst tief unten mit einem Messer ab und legen sie zwischen Zeitungspapier. Als Beschwerung dienen dicke Bücher oder wir basteln uns eine Pflanzenpresse aus zwei Holzplatten. Nach dem Trocknen werden die Pflanzen auf ein festes Papier aufgeklebt und beschriftet.

PFLANZENFAMILIEN ERKENNEN

Aus der Menge an Wildkräutern, die es bei uns gibt, wollen wir uns ein paar wichtige Pflanzenfamilien genauer anschauen. Denn wie in einer Familie, in der sich die Menschen ähnlich sehen, haben auch Pflanzenfamilie gemeinsame Merkmale. So können wir Pflanzen, deren Namen wir noch gar nicht genau bestimmt haben, zumindest ihren Familien zuordnen.

1

2

1. Vor dem Pressen genau bestimmen.

2. Johanniskraut für die Pflanzensammlung

Lippenblütler

Eine Familie, die leicht zu erkennen ist, sind die Lippenblütler. Ihre typischen Familienmerkmale sind gut zu bestimmen und es gibt bei uns keine giftigen Arten in diese Familie. Außerdem gehören viele bekannte Gartenkräuter wie Pfefferminze, Melisse, Basilikum und Rosmarin dazu. Jetzt schauen wir mal genauer hin und erkennen eine auffällige Blütenform: Jede Blüte setzt sich aus einer Oberlippe und einer Unterlippe zusammen. Nun schauen wir, welche Wildpflanzen wir mit diesen Blüten finden und entdecken schon bald die Taubnesseln mit ihren weißen, roten oder gelben Blüten.
Schauen wir noch genauer, dann sehen wir, dass sich am Stängel etagenweise jeweils zwei Blätter gegenüberstehen, pro Etage immer um 90 Grad versetzt. Sie stehen kreuzgegenständig, wie der Botaniker sagen würde. Außerdem sind die Stängel oft vierkantig und hohl. Lippenblütler enthalten oft viele ätherischen Öle und duften auffällig – viele Gewürz- und Heilkräuter zählen zu dieser Familie.

Lippenblütler haben eine große geschwungene Oberlippe und eine kleinere Unterlippe.

3

3. Taubnesseln, aber auch viele Küchenkräuter wie Basilikum, Salbei, Thymian und Minze sind Lippenblütler.

1. Die Wilde Möhre hat in der Mitte ihrer Dolde eine einzelne, dunkle Blüte.

2. Neben dem essbaren Giersch gehören auch sehr viele giftige Arten zu den Doldenblütlern. Also: Vorsicht!

Doldenblütler

Eine weitere auffällige Familie sind die Doldenblütler. Dazu gehören bekannte Arten aus dem Garten wie Kümmel, Anis und Fenchel, in der freien Natur sind es Wiesenkerbel, Bärenklau, Giersch oder auch die Wilde Möhre.
Ihren Familiennamen haben sie von den vielen kleinen Blüten, die sich zu einer Dolde zusammensetzen, die wie ein Schirm aussieht. Da es in dieser Familie auch giftige Vertreter gibt (Wasser- und Gefleckter Schierling) oder Pflanzen, die heftige Hautreaktionen auslösen können (Riesenbärenklau), werde ich keine Rezepte mit diesen Wildkräutern vorstellen, auch wenn Giersch und Wilde Möhre lecker sind.
Doldenblütler begegnen uns sehr häufig und es ist toll, wenn wir sie ihrer Familie zuordnen können. Oft sitzen Fliegen und andere kleine, kurzrüsselige Insekten auf den Dolden und laben sich dort an Nektar und Pollen.

1

2

Labkräuter

Die Familie der Labkräuter fällt mit ihren typischen Merkmalen auch sofort ins Auge. Sie beeindrucken uns nicht mit großartigen oder duftenden Blüten, dafür ist ihre Gestalt sehr markant. Die Stängel sind nicht rund wie bei den meisten Kräutern, sondern vierkantig. Die Blätter sitzen in Etagen am Stängel, was man als Quirl bezeichnet.
Der Name Labkraut geht auf die Verwendung als Säuerungsmittel bei der Käseherstellung zurück. Bekanntester Vertreter ist der Waldmeister (Seite 21), mit dem man Getränke aromatisieren kann. Das Klettenlabkraut fühlt sich fast wie Klettverschluss an. Seine Früchte besitzen Haken, die im Fell von Tieren hängen bleiben und sich somit verbreiten können.

3. Beim Wiesenlabkraut kann man schön erkennen, wie die Blätter etagenweise in Qirlen übereinanderstehen.

4. Klettenlabkraut hat einen vierkantigen Stängel und die Blätter sitzen in Quirlen. Beim Anfassen merkt man, wie es versucht, sich „festzukletten".

4

3

Die Blüten der Schmetterlingsblütler bestehen oben aus einer großen Fahne, darunter sitzt das Schiffchen, das von den Flügeln umschlossen wird.

Frühlings-Platterbse

Entdeckungstour im Sommerwald

Die Begegnung mit großen Wildtieren ist immer ein faszinierendes Erlebnis. Aber meist begegnen wir ihnen eher durch Zufall, weil sie sehr scheu sind. Oft verraten sie ihre Anwesenheit jedoch, indem sie Spuren hinterlassen.

Fragt den Förster, Jäger oder Pilzsammler nach Fuchs- oder Dachsbauen. Sie kennen sich im Wald besonders gut aus und verraten sie euch vielleicht.

FUCHS- UND DACHSBAU

Vermutlich finden wir nur zufällig im Wald einen Fuchs- oder Dachsbau, denn die Tiere legen ihre Baue gerne versteckt in den ruhigen Teilen der Wälder an. Doch manchmal lässt sich ein Dachsbau auch in einer kleinen Kiesgrube, in einer Hecke oder in der Nähe des Waldrandes finden.

Fuchs oder Dachs?

Der Dachs gräbt mit Abstand die besseren Baue. Der Fuchs kann zwar auch eine Röhre buddeln, aber wann immer er die Möglichkeit hat, einen verlassenen Dachsbau zu beziehen, wird er diese Gelegenheit nutzen.
Das beste Unterscheidungsmerkmal von einem Fuchs- und Dachsbau ist Folgendes: Führt eine Rinne in die Bauröhre, dann war der Dachs am Werk bzw. bewohnt immer noch diesen Bau. Nur der Dachs räumt immer wieder seinen Bau leer und schleppt dann frische Haufen von Laub und Gras in seinen Bau. Durch diese Tätigkeit schleift sich eine Rinne vor der Röhre heraus, das sogenannte „Geschleif" in der Jägersprache. Bei einem Fuchsbau fehlt diese Rinne.

Spuren lesen

Im weichen Waldboden direkt vor dem Bau lassen sich auch manchmal die Fährten der Bewohner erkennen. Der Dachs zeigt sich mit fünf Zehen und langen Krallenabdrücken, der Fuchs hat nur vier Zehen und kurze Krallen.
Der Dachs ist viel reinlicher als der Fuchs und hinterlässt selten Spuren seiner Mahlzeiten, selbst seine Toilette, das Dachsklo, liegt abseits des Baus und besteht aus mehreren Vertiefungen im Boden. Am Fuchsbau finden sich dagegen häufig Überreste der Beutetiere wie Federn von Vögeln und Knochen von kleinen Säugetieren.

1. Beim Fuchs sieht man nur vier Zehen mit kurzen Krallen.

2. Fuchsbaue haben als Eingang einfach nur Löcher.

1

2

Auf den Umschlagklappen findest du noch viel mehr Spuren von verschiedenen Waldtieren.

3

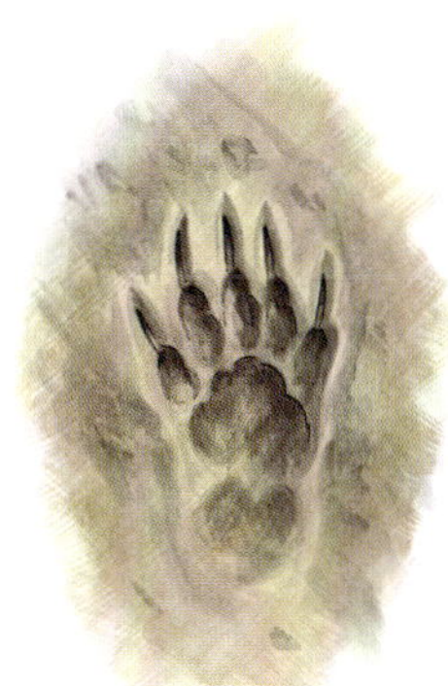

4

3. Der Eingang zu einem Dachsbau sieht ein bisschen aus wie eine Rutsche.

4. Bei der Dachsspur kann man ganz deutlich fünf Zehen mit langen Krallen erkennen.

Zaunkönige brüten in einem weich gepolsterten, kugeligen Nest.

Spechte brüten in Baumhöhlen.

Die Vogeleltern schaffen fleißig Insekten als Nahrung für ihre Jungen heran.

VOGELWELT IM SOMMER

Bei unseren Singvögeln ist das Brutgeschehen bis in den Juli hinein noch voll im Gange. Viele Vogelarten können sogar ein zweites oder drittes Gelege tätigen, falls die erste Brut ausgefallen oder das Nahrungsangebot sehr reichlich vorhanden ist. Emsig suchen die Elterntiere Insekten als Nahrung zur Aufzucht ihrer Jungen. Die Insekten stellen eine sehr eiweißreiche Nahrung dar und sind für die meisten Singvögel überlebensnotwendig. Nur Tauben können Körner und Samen aufnehmen und in ihrem Kropf einen Nahrungsbrei erzeugen, die sogenannte Kropfmilch. Damit werden die jungen Vögel dann gefüttert.

Nistplätze

So unterschiedlich die Singvögel sind, so unterscheiden sie sich auch in der Auswahl ihres Nistplatzes. Viele unserer Meisen bevorzugen eine geschlossene Nisthöhle, sie nehmen deswegen auch gerne künstliche Brutmöglichkeiten in Form von Vogelkästen an. Andere Vogelarten bauen sich kunstvolle Nester wie der Buchfink, der sehr viel Wert auf Tarnung seines Nestes mit der Umgebung legt. Einige Vögel brüten hoch oben im Wipfelbereich der Bäume, andere begnügen sich mit Nistplätzen am Boden oder in der Strauchschicht. Da zeigt der Zaunkönig ein interessantes Verhalten: Er baut mehrere runde, geschlossene und gepolsterte Nester im Gesträuch und im Gestrüpp, die Zaunkönigin darf sich dann eines davon für die Aufzucht der Jungen auswählen.

Nester finden

Wir wollen einmal schauen, wer als Erster ein Vogelnest entdeckt. Dabei können Nester hoch oben im Baumkronenbereich sein oder aber auch gut versteckt in der Strauchschicht, es können Baumhöhlen von Spechten sein und selbst zwischen den Brennnesseln finden sich Vogelnester. Dazu können wir Hilfsmittel benutzen: Manchmal entdecken wir in den Baumkronen Gebilde, die wie ein Nest aussehen und versuchen dann, mit einem Fernglas herauszufinden, ob es sich tatsächlich um ein Nest handelt oder nicht. Zusätzlich können wir von einem Beobachtungspunkt aus beobachten, ob Vögel regelmäßig in eine Hecke oder auf einen Baum fliegen, weil sie regelmäßig zu ihrem Nest zurückkommen.

Spiegelgang

Ein interessantes Experiment ist es, einen Waldweg entlangzulaufen und währenddessen mit einem kleinen Taschenspiegel die Baumkronen nach Nester abzusuchen. Dabei kann es hilfreich sein, von einer zweiten Person geführt zu werden, damit man sich völlig auf das Erforschen der Baumkronen konzentrieren kann. Der Spiegelgang ist eine gute Erfahrung, um seine Sinne mal auf den Kopf zu stellen und die Waldwelt mit anderen Augen zu sehen.

Nistkästen

Nistkästen werden im Wald hauptsächlich für Meisen aufgehängt, manchmal übernimmt auch ein Kleiber die angebotene Brutmöglichkeit. Da lohnt es sich, für eine längere Zeit einen bequemen Sitzplatz zu suchen und von dort aus die Meisenkästen im Auge zu behalten. Es wird nicht lange dauern, und die Meiseneltern kommen mit Futter geflogen. Dann können wir herausfinden, welche Meisenart im Nistkasten brütet und mit Hilfe eines Fernglases vielleicht den Vogel ganz genau beobachten. Meisenkästen sind Notlösungen und Hilfsmittel, denn eigentlich würden viele Vogelarten alte Baumhöhlen und verlassene Spechthöhlen beziehen. Mangels alter, abgestorbener Bäume mit solchen Höhlen ist das Angebot an geeigneten Brutplätzen oftmals gering. Mittlerweile ist man seitens der Forstverwaltung bestrebt, im Wald wieder mehr alte Bäume oder sogar ganze tote Baumgruppen stehen zu lassen, damit sie von Insekten, Vögeln und anderen Tieren als Biotop genutzt werden können. Also einfach mal die Augen offenhalten und bei Streifzügen durch den Wald auf alte Bäume achten, vielleicht entdeckt man darin eine Spechthöhle. Junge Spechte verraten ihren Brutplatz sehr oft mit ihren lauten Bettelrufen, also lohnt es sich, auch die Ohren aufzusperren.

Wichtig:
Haltet immer genügend Abstand zu den Nestern und benutzt ein Fernglas, um die Vögel beim Brüten nicht zu stören!

WIE ZAUNKÖNIG UND JOHANNISKRAUT ZU IHREN NAMEN KAMEN

Ich finde es immer wieder spannend, wie Tiere und Pflanzen zu ihren Namen kamen. Darum erzähle ich euch hier, wie das bei Zaunkönig und Johanniskraut gewesen sein könnte.

DER ZAUNKÖNIG

Der Zaunkönig hat sich seinen Namen nicht selbst gegeben, sondern die anderen Vögel nannten ihn so. Und das kam so:

Wie wir alle wissen, veranstalten die Vögel jedes Jahr einen Wettkampf, eine Olympiade des Fliegens, und der Sieger darf sich dann „König der Lüfte" nennen. So treffen sich alle Vögel an einem bestimmten Tag und tragen diese Meisterschaft des Fliegens aus.

Der kleine Spatz darf beginnen. Er nimmt Anlauf, fliegt etwa zehn Meter hoch, wird dann schnell müde und setzt sich wieder. Dann startet die Amsel, sie nimmt Anlauf und fliegt gute zwanzig Meter hoch. Dann folgt die Taube, sie kreist bis in die Baumwipfel, wird dann müde und setzt sich auf einen Ast. So probieren alle Vögel ihr Geschick beim Fliegen.

Der große Adler startet als Letzter, er schwingt sich mächtig hoch, weit über die Baumwipfel bis in die Gipfel der Berge. Majestätisch zieht er seine Kreise und möchte sich schon zum Gewinner des Wettkampfes ernennen. Da flattert plötzlich ein kleines braunes Vögelchen hervor, das sich bis dahin im Gefieder des Adlers versteckt hatte, schafft es noch zehn Meter höher und ruft voller Begeisterung: „Ich bin es! Ich bin der König der Lüfte!". Damit hätte der kleine Vogel zwar gewonnen, aber weil alle anderen Vögel mitbekommen haben, dass der freche kleine Kerl ganz offensichtlich geschummelt hat, darf er sich nicht „König der Lüfte" nennen, sondern wird nun von allen „der Zaunkönig" genannt.

Und so sitzt er heutzutage noch gerne auf Zaunpfählen im Wald oder flattert im niederen Gestrüpp umher. Nur seine laute Stimme verrät, wie mutig und frech der kleine Zaunkönig eigentlich ist.

DAS JOHANNISKRAUT

Diese Pflanze erhielt ihren Namen nach Johannes dem Täufer. Den Erzählungen nach war Johannes der Täufer ein heiliger Mann, der als Prediger durch die Lande zog. Er hatte viele Anhänger und selbst Jesus von Nazareth ließ sich von Johannes taufen. Doch die Herrscher damals befürchteten einen Aufstand der Jünger und ließen Johannes den Täufer gefangen nehmen und hinrichten.

An der Stelle, an der Johannes der Täufer nach der Hinrichtung auf die Erde sank, trafen sich seine Anhänger jedes Jahr wieder, um sich an ihren Prediger zu erinnern und ihm zu huldigen. Da bemerkten sie, dass an jener Stelle eine Pflanze zu wachsen begann, die sie vormals noch nie gesehen hatten.

Sie nannten das Kraut Johanniskraut und fanden heraus, dass es viele heilende Wirkungen hatte, und in jeder Knospe oder Blüte verbarg sich ein Blutstropfen von Johannes dem Täufer. Nachdem die Heilwirkung dieser Pflanze bekannt und viele Kranke wieder gesund wurden, zürnte der Teufel über dieses Kraut. Es ärgerte ihn, dass die Menschen, die er schon tot sah, ihm doch noch von der Schip-pe sprangen und wieder gesund wurden.

Daraufhin stach der Teufel mit seiner Forke auf das Kraut ein und wir können das heute noch an den Blättern erkennen. Wenn wir ein Blatt gegen das Licht halten, sehen wir, dass es wie von tausend Nadelstichen durchbohrt erscheint.

In jeder Blüte des Johanniskrauts findet man einen Blutstropfen von Johannes dem Täufer, der die Finger rot färbt.

Jedes Blatt trägt winzige Nadelstiche, die wohl der Teufel hinterlassen hat.

Johannis-kraut

Waldexperimente im Sommer

Mit wenigen Hilfsmitteln und Materialien lassen sich bereits interessante Experimente starten. Ein kleiner Tagesrucksack ist für den Transport bestens geeignet und darin finden neben Getränken und Vesper auch unsere Materialien Platz.

Vogel-Raupen-Spiel

- Zweige, Laub und Moos
- Zapfen, Nüsse, Schneckenhäuser oder Kieselsteine
- Streichhölzer, bunte Hölzchen oder Wollfäden
- Wäscheklammern
- Stoppuhr

DAS VOGEL-RAUPEN-SPIEL

Mein liebstes Spiel zum Thema der Vogelwelt ist das Vogelraupenspiel. In diesem Rollenspiel tauchen wir in die Welt der Vögel ein und erfahren dabei, welche Aufgaben ein Vogelpaar im Wald hat.
Wir suchen uns ein lichtes Waldstück mit viel Platz zwischen den Bäumen, es sollten auch möglichst keine Äste in Augenhöhe wachsen. Immer zwei Personen bilden zusammen ein Vogelpaar und suchen sich eine Stelle am Waldboden, wo sie ein Nest aus Zweigen, Moos und Laub bauen. Als Eier kann man noch etwas Rundes (Nüsse, Schneckenhäuser etc.) ins Nest legen.

Fleißige „Vogeleltern" haben ganz schön viele „Futterraupen" zum Nest getragen.

Wer hätte gedacht, dass man durch Holz durchpusten kann?

Wer pickt am schnellsten?

Dann streuen wir Streichhölzchen, bunte Hölzchen oder kurze Wollfäden auf dem Waldboden aus. Das sind unsere Raupen. Jedes Vogelpaar bekommt nun eine Wäscheklammer, das ist der Schnabel. Nun startet ein Elternteil vom Nest aus los, pickt mit der Wäscheklammer eine „Raupe" auf und bringt sie schnell zurück zum Nest. Dann wird getauscht, der andere Mitspieler bekommt die Wäscheklammer und geht auf Futtersuche. Nach einer vorgegebenen Zeit schauen wir, wer die meisten Insekten in sein Nest getragen hat.
Dieses Spiel wird schwieriger, wenn man grüne oder braune Hölzchen bzw. Wollfäden verwendet, die auf dem Waldboden besser getarnt sind. Natürlich kann auch jeder Mitspieler sein eigenes Nest bauen und auf Futtersuche gehen.

SCHAUMBLASEN

Am besten funktioniert dieser Versuch mit Hölzern, die im Frühjahr große Gefäße für den Wassertransport ausbilden, also z. B. Esche, Ulme oder Eiche. Wir sägen uns von einem heruntergefallenen Ast oder von einem gefällten Bäumchen eine Holzscheibe von etwa drei Zentimeter Stärke ab. Eine Seite der Baumscheibe begießen wir mit Wasser und geben am äußeren Rand etwas Spülmittel darauf. Auf der anderen Seite pusten wir richtig fest in die Baumscheibe, bis sich auf der gegenüberliegenden Seite aus Wasser und Spülmittel eine Schaumkrone entwickelt.
Der Versuch zeigt die Durchlässigkeit von Holz, besonders bei den Leitgefäßen im äußeren Splintholzbereich. Die Überraschung ist jedes Mal groß und verblüfft die Zuschauer.

Schaumblasen

- Taschenmesser oder Säge
- Holz von Esche, Ulme oder Eiche
- Wasser
- ein paar Tropfen Spülmittel

1

Das Seegras gedeiht auf feuchten Böden. Früher wurde es ausgerupft oder geschnitten, getrocknet und zu Seilen gedreht.

2

3

1. Für eine Schnur erst einmal eine gute Handvoll Seegras ausrupfen.

2. Beim Flechten der Schnur arbeitet man am besten zu zweit.

3. Die Enden der Schnur gut verknoten.

Eine Seegras-Schnur sieht auch als Armband gut aus.

SCHNÜRE AUS SEEGRAS

Aus Naturmaterialien lassen sich verblüffend gute, stabile Schnüre drehen. Das können Bastfasern von Ulme und Linde sein. Aber auch die Brennnessel liefert ausgezeichnetes Material, die Handhabung ist allerdings gewöhnungsbedürftig und nur mit Handschuhen zu meistern. In Fichtenwälder wachsen die Seegräser, auch „Waldhaar" genannt, aus der Gattung der Seggen *(Carex brizoides)*.

Rechts herum und links herum

Wir können uns also eine Handvoll Seegras ausrupfen, in zwei Stränge teilen und verknoten. Am besten arbeitet man zu zweit, einer hält die beiden Enden der Stränge zusammen. Der andere dreht den rechten und den linken Strang jeweils im Uhrzeiger ein. Nach wenigen Drehungen überschlägt man die Stränge gegen den Uhrzeigersinn. Jetzt liegt der linke Strang auf der rechten Seite und umgekehrt. Wieder im Uhrzeigersinn drehen und gegen den Uhrzeigersinn überkreuzen. Je nach gewünschter Länge kann man immer wieder neue Stränge Seegras einlegen und erhält so eine richtig stabile Schnur.

SPURENABDRÜCKE IN GIPS

Vielleicht habt ihr auf eurer letzten Erkundungstour bereits Tierspuren in der feuchten Erde entdeckt? Diesmal nehmt ihr ein Päckchen mit Gips, eine Flasche mit Wasser, einen leeren Joghurtbecher und ein Hölzchen zum Rühren mit. Ein Streifen aus Karton, der mittels einer Wäsche- oder Büroklammer zu einem Ring geformt und um die Spur gelegt wird, kann auch hilfreich sein.
Die gefundene Spur wird grob von heruntergefallenen Ästchen und Fichtennadeln gesäubert und dann mit dem Kartonring umschlossen. Der Kartonring darf im Durchmesser ruhig ein paar Zentimeter größer als die Spur sein. Dann wird eine entsprechende Menge Gips in den Joghurtbecher gegeben und mit Wasser zu einem zähflüssigen Teig angerührt. Das Anrühren muss zügig vonstattengehen und der Gips wird dann schnell, aber sorgfältig in die Vertiefung des Spurenabdrucks gegossen. Je nach Lufttemperatur härtet der Gipsabdruck schon nach einer Stunde aus und kann mitgenommen werden.

Spuren-abdrücke

- Spachtelgips
- Becher zum Anrühren
- Wasser
- Kartonstreifen
- Wäsche- oder Büroklammer

1

2

3

4

1. Die Zutaten für einen Gipsabdruck passen in jeden Rucksack.

2. Einen Ring aus Karton um die Spur legen.

3. Den Gips zügig in die Spur gießen.

4. Warten bis der Gips ganz fest geworden ist, dann kann man die Spur mit nach Hause nehmen.

LANDART – KUNST AUS NATUR

1

In der Natur finden wir vielfältige Inspirationen, die uns zur eigenen Kreativität anregen. Dabei geht es vornehmlich um das Tun, um das Erschaffen, um Begegnung mit der Natur und tiefe kreative Prozesse in der Natur. Das Ergebnis ist zweitrangig und frei von Bewertung, wir hinterlassen ein Kunstwerk, das sich die Natur im Laufe der Zeit auch wieder einverleibt.

DIE PRINZIPIEN VON LANDART

Es gibt ein paar Gestaltungsprinzipien von Landart-Künstlern, die ungefähr so lauten können (nach Andreas Gütler):

1. Besonderheiten verstärken: Wahrnehmen und verstärken, was einen Ort oder einen Naturgegenstand besonders macht.

2. Sich auf das Wesentliche konzentrieren: Konzentration auf nur ein oder wenige Materialien, Formen und Farben.

3. Mosaikartiges Arbeiten: Kleinere, in Teile zerlegte Naturmaterialien sind oft wirkungsvoller als ganze Blätter oder Pflanzenteile.

4. Kontraste einsetzen: Kontraste heben das Landartwerk gegenüber der Umgebung wirkungsvoll hervor.

5. Klare Linien und Formen: Sie fallen dem Auge als Gegensatz zur meist ungeordneten Umgebung auf.

6. Dimensionen wechseln: Ungewohnte Größenordnungen ermöglichen einen Perspektivwechsel und damit neue Einblicke.

7. Fließende Übergänge: Sie ziehen das Auge des Betrachters in den Bann, weil man versucht ist, die Stelle zu finden, an der sich die Farbe ändert.

8. Die Schwerkraft überwinden: Faszinierend ist, wenn der Betrachter das Gefühl hat, das Werk müsste eigentlich zusammenstürzen – und es ist doch erstaunlich stabil.

9. Transparenz, Licht und Schatten: Nutzung des Sonnenlichts bei transparenten Materialien oder des Schattenwurfs.

10. Bewegte Landart ist bewegend, egal ob Wasser, Wind oder andere Einflüsse die Landart „antreiben".

1. Aus Stöcken, Schnur und zwei Astgabeln kann man mit etwas Geschick ein Wasserrad bauen. Der Bach setzt das Kunstwerk dann in Bewegung.

2. Ein Gewitterregen hat die Farben der Regenbogenfee in alle Richtungen zerstreut – wir helfen ihr, sie wiederzufinden. Passend zu mitgebrachten Farbstiften suchen wir Dinge in der Natur in der gleichen Farbe und sammeln sie auf einem Tuch.

2

3

3. Damit die Regenbogenfee vor dem nächsten Gewitter besser geschützt ist, bauen wir ihr aus Naturmaterialien ein kleines Feenhäuschen.

4. Unserer Fantasie sind keine Grenzen gesetzt und wir dürfen mit allem, was die Natur uns schenkt, schöne Dinge gestalten. Aber bitte keine geschützten Arten verwenden.

4

Essbares aus dem Sommerwald

Im Sommer ist der Tisch in der Natur reich gedeckt und sorgt für eine abwechslungsreiche Ernte. Neben zahlreichen Wildkräutern finden wir nun auch die ersten reifen Beeren im Wald.

Brennnessel-Gemüse

- eine Schüssel Brennnessel-Blätter
- 1 Zwiebel
- 1 Knoblauchzehe
- 2 EL Rapsöl
- Gemüsebrühe
- Salz und Pfeffer
- Sahne oder Schmand
- Topf

KEINE ANGST VOR BRENNNESSELN

Jeder kennt sie, die Brennnessel: Sie ist nicht zu verwechseln, wächst oft in großen Mengen und liefert neben Eiweiß auch viele Mineralstoffe und Spurenelemente. Zum Ernten sollte man Handschuhe tragen. Vor der weiteren Verwendung können die Blätter kurz blanchiert werden, dadurch verlieren sie ihre Brennwirkung.

Brennnessel-Gemüse

Die Triebspitzen und obersten Blätter der Brennnessel sind die zartesten Teile an der Pflanze. Wir sammeln – gut geschützt mit Handschuhen – etwa eine Schüssel voll. Die Blätter kurz unter fließendem Wasser abwaschen, damit auch Kleintiere abgespült werden. In einem Topf ein bisschen Öl, gehackte Zwiebeln und Knoblauch darin anschwitzen und die Brennnessel-

Brennesseln am besten immer mit Handschuhen ernten.

1. Das Rezept für Brennnessel-Gemüse eignet sich auch für andere Wildkräuter wie z. B. Giersch (Seite 38, 46) oder Lindenblätter (Seite 39, 117).

2. Wer einmal Brennnessel-Chips probiert hat, lässt die Industrievariante aus Kartoffeln gerne links liegen.

Blätter dazugeben. Die Blätter kurz mitdämpfen, dann mit Gemüsebrühe aufgießen und für etwa 15 Minuten köcheln lassen. Mit Salz und Pfeffer, evtl. auch etwas Sahne oder Schmand abschmecken.

Brennnessel-Chips

Man kann die Brennnessel-Blätter in heißem Fett ausbacken. Das kann man einfach so mit den frisch gepflückten Blättern tun und sie kurz durchs heiße Fett ziehen. Leckerer wird es allerdings, wenn die Blätter zuvor in Teig getaucht werden. Ich rühre dazu in einer kleinen Schüssel einen eher flüssigen Teig aus Mehl, Mineralwasser, wenig Backpulver und einer Prise Salz an. Dann zieht man die Blätter durch den Teig und gibt sie ins heiße Öl, das schon auf dem Feuer wartet.
Lecker ist auch „Brennnessel Cordon bleu“: Dafür streicht man auf ein Brennnesselblatt etwas Frischkäse und legt ein zweites Blatt darüber. Die gefüllten Blätter werden dann genauso in den Teig getaucht und im heißen Fett goldbraun ausgebacken.

Brennnessel-Chips

- große Brennnessel-Blätter
- Mehl
- Mineralwasser
- Salz
- Backpulver
- Frischkäse
- Rapsöl
- Schüssel
- Topf oder Pfanne mit hohem Rand

WALDBEEREN

Endlich werden sie reif, die leckeren Waldbeeren. Sie haben viel mehr Aroma als alles, was wir im Supermarkt kaufen können, und das Sammeln der oft kleineren Früchte lohnt sich. Aber lasst den Tieren auch noch was übrig!

Die Sache mit dem Fuchsbandwurm

Alle Beeren, egal, ob sie in Bodennähe wachsen oder in Strauchhöhe gedeihen, können von Fuchsbandwurmeiern befallen sein. Daher muss man abwägen, wie hoch man das Risiko einer Aufnahme von Fuchsbandwurmeiern einschätzt. Fachleute sind sich darüber nicht wirklich einig. Abwaschen der Beeren minimiert sicherlich das Risiko, aber nur das Abkochen bei über 60 Grad ist eine sichere Methode, die Bandwurmeier abzutöten. Wer sichergehen will, verarbeitet die gesammelten Beeren zu Marmelade oder Saft. Entdeckt man in der Nähe der Beeren Kotspuren, lässt man auf jeden Fall die Finger davon.

Aus Eiern, Milch, Mehl und etwas Zucker rühren wir einen Teig und geben frische Waldbeeren hinein. Lecker!

1

1. Heidelbeeren findet man als Unterwuchs von Nadelwäldern auf feuchten, sauren Böden. Die Beeren sind im Juli und August reif.

2. Walderdbeeren finden wir an Lichtungen, Böschungen und Wegrändern. Ab Mitte Juni entwickeln sich die kleinen roten aromatischen Früchte..

2

3

3. Wenn der Holunder reif ist, geht der Sommer langsam zu Ende. Seine Beeren sind roh giftig, man kann aber leckeres Kompott und einen gesunden, fiebersenkenden Saft daraus kochen.

4

6

4. Himbeeren mögen sonnige bis halbschattige Standorte auf Lichtungen und am Waldrand. Die Früchte reifen von Juni bis September. Die Blätter können als Tee genutzt werden.

5. Reife Brombeeren sind fast schwarz und wir finden sie von Juli bis Oktober. Aber Achtung: Sie sitzen an stacheligen Ranken, die einem Haut und Kleidung zerreißen können.

6. Die Früchte der Eberesche werden auch Vogelbeeren genannt – da ist klar, wer sie gerne mag. Roh sind sie für uns nicht genießbar, aber man kein daraus Chutney oder wildes Ketchup kochen.

5

Wie immer gilt auch beim Beerensammeln: Nur das mitnehmen und essen, was man auch wirklich kennt und sicher bestimmen kann.

WIE DIE MOSKITOS ENTSTANDEN SIND

Im Sommer sind sie unterwegs – die Moskitos. Sie schwirren um unsere Köpfe und wir finden es gar nicht lustig, wenn sie von unserem Blut saugen. Aber warum gibt es diese Tiere überhaupt? Dazu möchte ich euch gerne eine Geschichte aus Amerika erzählen:

Vor langer Zeit, in einem fernen Land im Norden Amerikas, lebten die Ureinwohner in einem Dorf. Ihr Leben wäre beinahe perfekt gewesen. Sie hatten gute Jagdgründe mit zahlreichem Wild und in den Flüssen und Seen konnten sie so viele Fische fangen, wie sie wollten. Im Herbst gab es Beeren im Überfluss und niemand im Dorf musste Hunger leiden oder sich sorgen.

Es gab aber eine große Angst im Dorf. Denn jedes Jahr zu Beginn des Frühlings erschien im Dorf ein riesiger Bär und forderte ein Blutopfer. Und dieser Bär war wahrhaftig ein Riese und die Menschen konnten ihn nicht vertreiben. Jedes Jahr musste also das Dorf jemanden auswählen, der sich opferte. Das Opfer wurde an einen Baum vor dem Dorf festgebunden …

Doch endlich, nach dem letzten grausamen Opfer, beschlossen die Dorfältesten, dass sie diesem Treiben Einhalt gebieten müssten, und beratschlagten, wie sie den Bären loswerden könnten. Sie hatten ein Jahr Zeit und nutzten dieses, um eine Fallgrube auszuheben. Diese Grube war unglaublich lang und breit und vor allem sehr, sehr tief. Zuletzt wurde die Fallgrube mit Zweigen abgedeckt und so hergerichtet, dass der Bär keinen Verdacht schöpfen würde.

Dann war es wieder so weit: Im Frühjahr erschien der Bär und kam geradewegs aufs Dorf zugelaufen. Er hatte nur Augen für das Opfer, das am Baum festgebunden war, und erkannte nicht die Gefahr. Er stürzte geradewegs in die Fallgrube und fiel so tief, dass er darin zu Tode kam.

Mit seinem letzten Atemzug strömte aus dem Maul des Bären jedoch eine riesige dunkle Wolke, bestehend aus Milliarden von kleinen Moskitos. Und diese holen sich bis zum heutigen Tag noch ihr Blutopfer – aber zum Glück nur in kleinen Mengen.

Tanzende Moskitos in der Abendsonne erinnern uns an die Geschichte, wie einst der böse Bär besiegt wurde.

BLÄTTERRASCHELN

Von wegen „der Herbst ist kalt und grau". Im Wald wird es jetzt so richtig bunt! Die Blätter verfärben sich, Pilze sprießen aus dem Boden – es gibt so viel zu entdecken.

Waldglück im Herbst

Die warmen Tage des Sommers gehen mehr und mehr in die kühlere Jahreszeit über. Die Tage werden kürzer und die Natur richtet sich langsam auf die bevorstehende Winterzeit ein.

Es ist spannend zu beobachten, wie sich die Natur auf den kommenden Winter vorbereitet. Jetzt lagern viele Pflanzen noch Energie in Form von Stärke in ihren Wurzeln ein, damit sie im nächsten Frühling wieder zeitig erwachen können. Bei den Tieren lassen sich die Vorbereitungen zur Winterruhe oder zum Winterschlaf beobachten: Emsig tragen die Eichhörnchen die Haselnüsse vom Strauch zu ihren Verstecken, andere Tiere fressen sich eine Fettreserve an.

DIE BLÄTTER WERDEN BUNT

Mit den ersten Nachtfrösten verändert sich das Gesicht des Waldes und der Bäume. Die Blätter verfärben sich und beginnen zu fallen. Mit jedem Herbstwind verlieren die Bäume mehr Blätter und zeigen uns dann ihr kahles Astwerk. Der Herbst hat Einzug gehalten. Für uns heißt es nun: Gummistiefel und Matschhose an und nichts wir raus. Denn es gibt ja bekanntlich kein schlechtes Wetter, nur die falsche Kleidung.

Ich kenne niemanden, der raschelnden Herbstblättern widerstehen kann.

Herbstzeit ist Pilzzeit

So langsam verwelken die Pflanzen und die letzten Waldfrüchte sind geerntet. Nun zeigen sich an vielen Stellen die Pilze und sie sind es auf jeden Fall wert, mal genauer hinzuschauen.

Der Steinpilz wird auch Herrenpilz genannt.

Die Pilze scheinen aus dem Nichts aufzutauchen. Die Entstehung der Pilze gab den Menschen früher lange Zeit ein Rätsel auf. Erst mit der Entdeckung der Pilzsporen, der unterirdischen Pilzfäden (Myzel) und weiteren Forschungen war die Zuordnung der Pilze zu einem eigenen Reich möglich.

PILZE SIND ANDERS

Pilze besitzen keine grünen Chloroplasten, wie sie die Pflanzen zur Erzeugung von Energie und Nährstoffen zur Verfügung haben – sie gehören also nicht zu den Pflanzen. Aber sie gehören auch nicht zu den Tieren, obwohl das Pilzeiweiß ähnliche Strukturen wie das Chitin aufweist, das bei den Insekten vorkommt. Und sie können sich auch nicht wie die meisten Tiere bewegen. Darum bilden die Pilze ein eigenes Reich. Wenn wir von Pilzen sprechen, meinen wir meist die sogenannten „Ständerpilze" und dann speziell deren Fruchtkörper. Daneben gibt es ja auch noch Schimmelpilze, Hefepilze usw. – um die soll es hier nicht gehen.

Uralt und riesig groß

Der größte bekannte Pilz der Welt ist der Dunkle Hallimasch, ein Verwandter unserer Hallimasch-Arten. Er wurde in den USA in einem Naturschutzgebiet in Oregon entdeckt. Die unterirdische Ausdehnung des Pilzgeflechts (Myzel) beläuft sich auf eine Fläche von dreimal drei Kilometern, das sind fast tausend Hektar. Würden wir das Myzel ausgraben und wiegen, läge sein Gewicht bei etwa 600 Tonnen. Sein Alter wird auf fast 2000 Jahre geschätzt.
Der Pilz mit dem größten bekannten Fruchtkörper ist ein Feuerschwamm, der in der chinesischen Provinz Hainan gefunden wurde. Der Fruchtkörper war über zehn Meter lang, über 80 Zentimeter breit und wog über 400 Kilo.

PILZE MIT ALLEN SINNEN

Die Pilzforscher ziehen los und suchen Pilze. Auf einem Tuch oder auch in einem Rahmen, den wir mit Ästen auf den Waldboden legen, stellen wir unsere Funde aus und schauen sie uns gemeinsam genauer an. Dabei versuchen wir, alle unsere Sinne einzusetzen.

Hut ab

Zuerst schauen wir uns den Pilzhut genauer an. Auf der Unterseite offenbart er, zu welcher Familie er gehört.

Röhrlinge: Die Unterseite ist wie ein Schwamm ausgebildet. Vertreter: Steinpilz oder Maronenpilz.

Lamellenpilze: Die Unteseite zeigen Lamellen, die wie die Seiten eines Buches nebeneinanderliegen. Vertreter: Champignon oder Fliegenpilz.

Leistenpilze: Verdickte Stränge ziehen vom Hut zum Stiel. Vertreter: Pfifferling oder Herbsttrompete.

Stäublinge: Die reifen Sporen lagern im Inneren des Pilzes und werden auf Druck an die Umgebung abgegeben. Vertreter: Flaschenbovist oder Riesenbovist.

Weitere Pilze: Haben Stoppeln oder wabenähnliche Strukturen, wie sie bei den Morcheln zu finden sind.

1

1. Was beim Pfifferling ein bisschen wie Lamellen aussieht, aber sich auch über den Stiel zieht, nennt man „Leisten".

2. Der Hut der Morchel hat eine ganz besondere, kammerartige Struktur.

3. Der Wiesen-Champignon hat Lamellen auf der Hutunterseite.

4. Die Unterseite des Maronenröhrlings sieht aus wie ein feiner Schwamm.

2

3

4

Maronen-Röhrling

Regeln für Pilzforscher

Alle Pilzarten dürfen nur von Pilzkennern gesammelt und gegessen werden!

Pilze darf man anfassen. Es gibt kein Kontaktgift, das über die Haut aufgenommen wird.

Nach dem Kontakt mit Pilzen trotzdem immer die Hände waschen.

Bei Pilzen, die auf Berührung eine Wolke brauner Sporen entlassen (Bovisten/Staubpilze), sollten die Sporen möglichst nicht eingeatmet werden.

Von welchem Pilz stammen wohl diese kleinen Fruchtkörper?

Wir bestaunen gemeinsam, was wir gefunden haben.

Pilze sind sehr interessant. Schaut euch an, was für viele verschiedene Farben und Formen sie haben können.

Riech mal

Nun können wir auch einmal vorsichtig an den Pilzen riechen. Der Geruch kann manchmal rettich- oder knoblauchartig sein, sonst riechen die meisten Pilze einfach gut nach Waldboden.

Unter der Erde

Das unterirdische Pilzgeflecht, auch Myzel genannt, ist meist schwer zu entdecken, weil die Pilzfäden so zart und fein sind. Eine Ausnahme macht das Pilzgeflecht des Halimasch. Ihn finden wir im Herbst in großen Mengen an abgesägten Baumstümpfen. Unter der Baumrinde der befallenen Bäume lassen sich dicke schwarze „Fäden" entdecken, das ist das Myzel des Halimasch.

TINTE HERSTELLEN

Ein auffälliger Pilz ist der Schopftintling. Seine weißen Hüte sitzen glockenförmig auf dem Pilzstiel, öffnen sich dann mit zunehmender Reife und zerfließen zu einer schwarzen Masse. Diese reifen Pilzhüte sammeln wir in einem alten Marmeladeglas, lassen es stehen und erhalten in wenigen Tagen eine dunkle Schreibtinte. Mit einem Sieb kann man die festen Reste vom Pilzhut abtrennen. Nun benötigen wir nur noch einen feinen Pinsel oder eine Schreibfeder und können unsere selbst hergestellte Tinte zum Schreiben und Malen verwenden. Zeichnet doch mal einen Schopftintling mit Schopftintlingstinte.

Schopftintlings-Tinte kann man mit ein paar Tropfen Nelkenöl oder einem Schuss Alkohol haltbar machen.

1

2

1. Der Schopftintling von ganz jung (links) bis schon ziemlich alt (rechts).
2. So sieht das Pilzgeflecht des Halimasch aus.

Die Natur ist eine echte Künstlerin: Sehen diese Sporenabdrücke nicht toll aus?

SPORENABDRÜCKE

Kreativ lässt sich auch mit dem Sporenpulver der Pilze arbeiten. Dazu suchen wir Pilzhüte heraus, die eine braune oder dunkle Lamellenfarbe aufweisen. Dann werden die Pilzhüte nebeneinander auf ein Blatt Papier gelegt und mit einer Folie oder einer großen Schüssel abgedeckt. So lassen wir die Pilzhüte über Nacht im Warmen liegen. In der Zeit schütten die Pilze ihre Sporen aus und hinterlassen ganz filigrane Zeichnungen ihrer Lamellen auf dem weißen Papier. Auf einem schwarzen Karton, auf dem weißsporige Lamellenpilze ausgebreitet werden, entstehen ebenfalls interessante Muster.

Was machen die Tiere im Herbst?

Die Tiere haben die anstrengende Zeit der Fortpflanzung und Jungenaufzucht hinter sich gebracht und bereiten sich auf den nahenden Winter vor. Noch gibt es genügend Futter, da gilt es nun, sich einen Vorrat anzulegen oder Winterspeck anzufressen. Manche Tierarten verlassen aber auch unsere Wälder...

1

2

1. Stare sammeln sich im Schwarm für ihren Flug in den Süden.

2. Graugänse fliegen oft in einer typischen V-Formation. Das spart Kraft und Energie.

Dem aufmerksamen Beobachter wird im Herbst auffallen, dass es viel weniger Vogelstimmen im Wald zu hören gibt. Das hängt natürlich mit dem Ende der Brutzeit zusammen, aber auch die Kontaktrufe der Vögel werden weniger häufig zu hören sein.

ZUGVÖGEL

Viele heimische Vogelarten verlassen unsere Wälder, manche neue Überwinterungsgäste kommen erfreulicherweise hinzu. Wie auf ein geheimes Kommando sammeln sich die Vögel im Herbst und starten ein waghalsiges Unternehmen: Die weite Reise in den fernen Süden. Nicht alle Vögel folgen diesem Drang, in den Süden zu ziehen. Einige Vogelarten schaffen es auch im Winter in unserer Heimat zu überleben. Sie sparen sich so zwar den Kraftakt einer langen Reise, kämpfen dafür aber oft darum, an genug Futter zu kommen und bei manchmal eisiger Kälte auszuharren.

Langstreckenflieger

Besonders auffällig ist es, wenn große Vögel wie Wildgänse, Störche oder Kraniche ziehen. Viele Singvögel bilden ebenfalls große Schwärme beim Vogelzug und lassen sich gut beobachten. Andere Vogelarten machen sich weniger spektakulär auf die Reise. Manche Vogelarten suchen die schmalsten Meerübergänge in den Süden und fliegen im Westen über die Straße von Gibraltar in Spanien oder im Osten über den Bosporus in der Türkei. Andere ziehen in breiter Front direkt über das Mittelmeer.

Wintergäste

In der Zugzeit können wir auch Vogelarten beobachten, die aus dem Norden oder Nordosten zu uns kommen. Manche sind nur Durchzügler auf ihrem Weg in den Süden, andere können wir als Wintergäste bei uns beobachten.

3

3. Wer im Herbst den wunderschönen Seidenschwanz bei uns entdeckt, ist ein richtiger Glückspilz.

4. Der Bergfink lebt im Sommer in Skandinavien, im Winter ist er bei uns zu Gast.

5. Die Rotdrossel brütet in Nordeuropa und verbringt den Winter bei uns.

4

5

Mit seinem dichten Pelz ist der Fuchs gut für den Winter vorbereitet.

1. Im Herbst und Winter ist das Fell der Rehe braungrau, im Sommer eher rötlich.

2. Hermelin im Sommer: Der Rücken ist braun, nur der Bauch ist weiß.

3. Hermelin im Winter: Das Fell ist weiß, nur die Schwanzspitze bleibt schwarz.

WINTERVORBEREITUNGEN

Bei Wildtieren, die im Winter aktiv unterwegs sind, ist ein dichtes Winterfell ganz besonders wichtig. Natürlich schützt ein dichtes Winterfell auch den Dachs oder das Eichhörnchen, aber sie begeben sich noch zusätzlich in eine Winterruhe und verschlafen gut geschützt in einer Höhle oder im Kobel eine lange Zeit im Winter.

Fellwechsel und Farbwechsel

Bei manchen Tieren kann man den Unterschied zwischen Sommerfell und Winterfell besonders gut beobachten. Schaut euch mal die beiden Fotos vom Hermelin an – man könnte fast meinen, das sind zwei verschiedene Tiere. Da das Hermelin auch im Winter Mäuse fangen muss, kann man es auf Wiesen oder am Waldrand gut beobachten. In schneearmen Wintern versagt seine Tarnung aber und es wird leichte Beute für Raubvögel oder andere Raubtiere.
Die Rehe bekommen ein dichtes, braungraues Winterfell, das so gut isoliert, dass sie sich selbst bei Schnee eine flache Kuhle am Waldboden freikratzen und sich dort direkt auf den Boden zum Schlafen legen.
Die Füchse wirken jetzt viel buschiger als im Sommerfell und sorgen

1

2

3

4

5

4. Der Igel ist bereit für den Winterschlaf.

5. Eichhörnchen legen sich für den Winter einen Vorrat an.

mit einem dichten Pelz gut gegen die Kälte vor. Unter den langen Winterhaaren, den Grannen, bilden sie eine dichte Unterwolle aus. Damit sind sie prima für die kalte Winterzeit gerüstet.

Winterstrategien

Viele Tiere versuchen dem Winter zu entgehen, indem sie sich schlafen legen. Zu ihnen gehören Fledermaus, Igel, Siebenschläfer und auch das Murmeltier.
Der Siebenschläfer sucht sich Schutz im Laub, in einer Waldhütte oder in einer Nisthöhle, dort rollt er sich ein und fährt seinen Stoffwechsel herunter. Der Igel frisst sich eine ordentliche Fettschicht an und verkriecht sich in einem Laubhaufen. Dabei werden die Körpertemperatur und der Herzschlag drastisch abgesenkt. Ein Igel beispielsweise atmet statt 50 Mal pro Minute nur noch ein bis zwei Mal, das Herz schlägt statt 200 nur noch fünf Mal pro Minute. Die Körpertemperatur sinkt von 36 auf ein bis acht Grad.
Andere Tiere halten nur eine Winterruhe. Dabei werden Körpertemperatur und Herzschlag viel weniger gesenkt. Sie können mitten im Winter aufwachen und aktiv werden, um nach Futter zu suchen. So machen es Dachse und Eichhörnchen.
Tiere, die ihre eigene Körpertemperatur nicht regulieren können, das sind Insekten, Amphibien und Reptilien, fallen in eine Winterstarre. Wenn es sehr kalt wird, erstarren ihre Körper und sie wachen erst wieder auf, wenn es draußen wärmer wird.

EICHHÖRNCHEN IM HERBSTWALD

Wenn es kälter wird auf unseren Walderkundungen, dann sind Spiele mit viel Bewegung und Aktivität wichtig. Darum habe ich hier eine Spielidee, bei der euch schön warm wird.

Das Eichhörnchen-Spiel ist ein schönes Rollenspiel für den Herbst, aber auch im Winter lässt sich das Spiel gut durchführen. Schnee macht das Verstecken und Finden der Nüsse noch spannender.

EINEN VORRAT SAMMELN

Als Vorbereitung halten wir schon beim Waldspaziergang nach einer alten Eiche Ausschau. Wir machen eine kurze Rast und suchen dort nach Eicheln. Jedes Kind sollte mindestens zehn Eicheln finden. Alternativ dazu können wir auch einen Beutel Walnüsse oder Haselnüsse mitbringen. Vor Spielbeginn erzähle ich, dass Eichhörnchen sich einen Wintervorrat mit Nüssen anlegen, den die anderen Waldtiere nicht finden dürfen. Das Eichhörnchen jedoch muss über die ganze Winterzeit seine versteckten Nüsse wiederfinden und zum Nest (Kobel) bringen können. Dabei kann man auch schon auf verschiedene Versteck-Strategien hinweisen: Ob das Eichhörnchen wohl seine Nüsse einzeln versteckt oder alle auf einen großen Haufen legt?

DAS SPIEL BEGINNT

Wir treffen uns an einem Startplatz, das ist der Kobel. Dann spielen wir das Spiel in mehreren Runden:

1. Runde: Jedes Kind erhält zehn Eicheln oder Nüsse auf die Hand, die es im Wald als Wintervorrat verstecken darf.

2. Runde: Alle Kinder versammeln sich dann wieder im Kobel. Es wird Winter und die Eichhörnchen-Kinder schlafen. Dann wachen sie wieder auf und müssen drei Nüsse suchen und zurück zum Kobel bringen.

3. Runde: Alle Eichhörnchen schlafen wieder ein und erwachen erst wieder „Wochen“ später. Jetzt muss jedes Eichhörnchen zwei Nüsse finden, in den Kobel bringen und wieder einschlafen.

4. Runde: Wieder wachen die Eichhörnchen auf und jetzt muss jedes nur noch eine Nuss finden, um in den Kobel zurückzudürfen. Sollte ein Eichhörnchen keine Nuss in den Runden finden, darf es auf einem Bein hüpfend weitersuchen.

Schluss: Nun wird gezählt, wie viele Eichhörnchen tatsächlich über den ganzen Winter ihre Nüsse gefunden haben und wie viele vielleicht verhungert wären, weil sie ihre Eicheln oder Nüsse nicht mehr gefunden haben. So wird die Bedeutung des Winters als Regulator spielerisch erklärt. Mit diesem Spiel können wir nun auch die Gedächtnis- und Sinnesleistung der Eichhörnchen besser würdigen und die verschiedenen Überlebensstrategien im Winter noch einmal besprechen.

Was ist wohl schlauer: viele kleine Nussverstecke oder ein großes?

1

2

1. Jedes Kind sammelt einen Vorrat an Eicheln oder bekommt ein paar Nüsse.
2. Wo sind die besten Verstecke für den Wintervorrat? Und wer findet sie wieder?
3. Die „Eichhörnchen" sind aufgewacht, gleich flitzen sie los und suchen ihre Vorräte.

3

Kreative Herbstideen

Die bunten Farben des Herbstes laden dazu ein, sich spielerisch und kreativ mit der Natur und den verschiedenen Materialien auseinanderzusetzen. Aus buntem Herbstlaub kann man kleine Kunstwerke schaffen und das Schnitzen macht auch allen Spaß.

1

2

3

1. Versucht doch einmal, mit bunten Herbstblättern einen Farbverlauf zu legen.

2. Klare Linie: Die Steine schaffen eine Verbindung vom Land zum Wasser.

3. Aus unterschiedlichen Materialien legen wir ein Mandala.

Buntes Herbstlaub als Bastel- und Baumaterial ist sehr beliebt, wir können es aber auch für ein Landart-Kunstwerk (Seite 58/59) verwenden. Zusammen mit anderen Naturmaterialien aus dem Wald wagen wir unsere ersten künstlerischen Schritte mit einfachen Projekten. Im Laufe der Zeit entwickeln sich die Ideen beim Tun und Schaffen von ganz alleine. Die Bilder sollen ein paar Anregungen geben.

SCHNITZEN MIT GRÜNHOLZ

Frisches Holz von Bäumen und Büschen eignet sich sehr gut zum Schnitzen. Es ist weicher als trockenes Holz und lässt sich von Kindern besser verarbeiten. Wenn wir einzelne Äste von Weide oder Haselnuss ernten, schadet der Eingriff der Pflanze nicht, da bald wieder junge Triebe an den Schnittstellen austreiben können. Aus den gerade gewachsenen Ästen lassen sich Spieße, Essgabeln,

Die wichtigste Schnitzregel lautet: Sich selbst und andere nicht verletzen!

Immer im Sitzen schnitzen und das Messer vom Körper weg bewegen.

Buttermesser oder Löffel herstellen, beliebt sind auch Wanderstöcke, Holunderpfeifen und Holzflöße.

Schnitzregeln

Wenn wir uns an ein paar einfache, aber wichtige Regeln halten, ist Schnitzen wirklich nicht gefährlich.

Sitzen: Nur im Sitzen schnitzen, Beine etwas auseinander, die Arme auf den Schenkeln aufstützen und den Oberkörper leicht vorbeugen.

Vom Körper weg: Immer mit der scharfen Seite des Messers vom Körper und von der zweiten Hand weg schnitzen, niemals auf dem Oberschenkel schnitzen.

Abstand halten: Mehrere Schnitzer halten mindestens eine Armlänge Abstand voneinander.

Flacher Schnitzwinkel: Je flacher geschnitzt wird, desto leichter lösen sich die Späne.

Grobschnitt: Ein langer Stock, der unter dem Arm noch eingeklemmt wird, kann mit einer Faust gut festgehalten und das Stockende bearbeitet werden.

Feinschnitt: Für feine Strukturen drückt der Daumen der Schnitzmesserhand auf die stumpfe Rückenseite des Messers, so kann man ganz feine und gezielte Schnitte setzen.

Eine Gabel schnitzen

Selbst wenn die Holzgabel später nur 30 Zentimeter lang sein wird, nehmen wir einen fingerdicken Haselnussstock von einem Meter Länge. Die Überlänge hilft uns beim Schnitzen, weil wir den Stock unter dem Arm festklemmen können. Zuerst die Spitze flach schnitzen – wie einen Schraubendreher. Mit einem kleinen Bohrer zwei Zentimeter vom vorderen Ende ein kleines Loch bohren. Mit einer kleinen Säge wird vom vorderen Ende bis zum Loch eine Nut eingesägt. Nun werden die Zinken fein und spitz zugeschnitzt. Den Stiel der Gabel kann man dann noch schön mit einem geschnitzten Muster verzieren. Erst dann sägen wir die Gabel auf die richtige Länge ab.

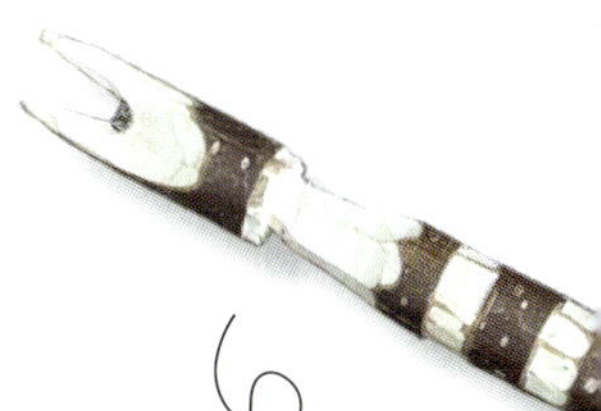

Geschnitzte Gabel

- Haselnussstock (1 m lang, 3 cm dick)
- scharfes Schnitzmesser
- kleiner Handbohrer
- kleine Säge

Ein gemütlicher Platz im Wald

Nun kann man nicht mehr in T-Shirt und kurzer Hose durch den Wald flitzen. Matschklamotten und Mütze sind angesagt. Trotzdem machen wir es uns im Wald gemütlich: mit wärmendem Feuer und einem selbst gebauten Sofa.

Am Feuer kann man es auch im Herbst gut aushalten.

Wichtig: Man darf im Wald nur an ausgewiesenen Grillplätzen Feuer machen!

RICHTIG FEUER MACHEN

Ein Lagerfeuer im Herbst lässt eine besondere Atmosphäre entstehen – besonders zum Abschluss eines schönen Herbstwald-Ausfluges. Am Lagerfeuer lassen sich Würstchen grillen, ein Stockbrot backen, Kartoffeln in der Folie zubereiten. Wir können uns ein bisschen aufwärmen, die Atmosphäre des Feuers genießen und Geschichten erzählen (eine Herbstgeschichte gibt es auf Seite 86).

Auf den Zunder kommt es an

Das wichtigste am Feuermachen ist das Zundermaterial. Erst der richtige Zunder ergibt genügend Initialhitze, damit die Holzstöckchen zum Anzünden das Feuer annehmen. Als Zunder sind trockene Ästchen von Nadelhölzern besonders geeignet. Die Nadelhölzer enthalten Harze, die wie Brandbeschleuniger funktionieren und ein besonders heißes Zunderfeuer ergeben. Trockene Ästchen der Fichte sind leicht zu finden. Sie können in jeder Fichtenschonung reichlich gesammelt werden. Bei der Fichte sterben die untersten Äste sowieso ab und es wachsen dort auch keine frischen Äste nach. Als Zunder lesen wir keine Äste vom Boden auf, diese haben Feuchtigkeit aufgesogen und sind als Zunderholz nicht mehr gut geeignet.

Das Feuer-Tippi

Ein gutes Büschel dürres Fichtenreisig legen wir als Feuernest in unseren Aufbau für das Lagerfeuer. Drumherum schichten wir trockene Äste wie eine Pyramide oder wie ein Tippi, das Feuernest liegt in der Mitte. Die so aufgeschichteten Hölzer haben den Vorteil, dass sie beim Abbrennen nicht sofort zusammenfallen und dem Abbrand länger standhalten als nur wahllos aufgelegte Ästchen.

Anzünder

Als Anzünder eignet sich hervorragend ein Stück Birkenrinde, am besten nur die äußere Rindenschicht ohne Holzanteil. Birkenrinde enthält natürlich Teerstoffe, die äußerst gut und anhaltend brennen. Anstatt Birkenrinde kann natürlich auch ein handelsüblicher, wachsgetränkter Anzünder mitgenommen werden. Wenn wir selber Anzünder herstellen wollen, lassen sich die Reste von Kerzenstummeln einschmelzen und Wattepads in das Wachs tauchen. Sobald die wachsgetränkten Pads abgekühlt sind, haben wir Feueranzünder, die einmal angezündet mindestens fünf Minuten brennen können.

WALDSOFA BAUEN

Jetzt brauchen wir noch einen gemütlichen Sitzplatz. Wir suchen einen schönen Waldplatz, vielleicht in der Nähe unserer Feuerstelle, mit reichlich Astmaterial, das auf dem Boden herumliegt. Wir bestimmen die Größe des Waldsofas, indem sich alle an den Händen halten und einen Kreis bilden. Jeder legt seinen Rucksack vor seinen Füßen ab, so haben wir den Umfang festgelegt. Nun braucht es fleißige Hände, um das Material zusammenzutragen. Man beginnt mit grobem Astmaterial, dann kommen immer feinere Äste und zum Schluss ein weiches Polster aus Moos und Laub. In einer halben bis einer Stunde ist das Sofa fertig.

1

2

Einfacher Stockbrotteig

- 500 g Mehl
- 1 Pck. Trockenhefe
- 2 TL Salz
- 250 ml Wasser
- 3 EL Olivenöl

1. Unser Feuer-Tippi brennt!

2. Zum Abschluss eines Waldtages schmeckt Stockbrot besonders lecker.

3. Das Grundgerüst für das Waldsofa ist fertig.

3

Essbares aus dem Herbstwald

Im Herbst finden wir noch letzte Früchte wie Brombeeren, Hagebutten und Vogelbeeren. Nach den ersten Nachtfösten können wir auch schon die ersten Schlehenbeeren sammeln. Außerdem sind endlich die nahrhaften Nüsse reif.

BUCHECKERN

Buchen sind in unseren Wäldern weitverbreitet, jeder kennt ihre kleinen Früchte als Bucheckern. Bucheckern kann man einfach mit dem Fingernagel öffnen, die Belohnung dafür sind kleine leckere Nüsschen. In 100 Gramm Bucheckern stecken 580 Kalorien. Es sind vor allem fettreiche Öle, die Bucheckern so nahrhaft machen. Außerdem enthalten sie Eiweiß, Vitamine und Stärke.

Nur in kleinen Mengen

Bucheckern enthalten den Stoff Fagin, der Bauchschmerzen und Übelkeit hervorrufen kann. Daher sollten besonders Kinder nur sehr kleine Mengen (fünf bis zehn Stück) roh essen. Röstet man die Bucheckern vor dem Verzehr aber kurz in der Pfanne, verlieren sie diese Nebenwirkung.

Tipp: Zum Aussortieren und Säubern gibt man die Bucheckern in eine große Schüssel mit Wasser.

Für den Punsch pro Person eine Handvoll Schlehen und Hagebutten sowie 250 ml Apfelsaft erhitzen, ein paar Minuten köcheln lassen, dann abseihen.

An einem Herbstpunsch kann man sich schön die Hände wärmen.

1. Aus den hartschaligen Fruchtbechern fallen die dreikantigen Nüsschen heraus.

2. Brot mit selbst gemachtem Bucheckern-Aufstrich – so lecker!

1

2

Brotaufstrich

- 10–15 geröstete Bucheckern
- 2 EL Butter
- 2 EL Milch
- 2 El Kakao
- 1 EL körniger Frischkäse
- 1 TL Honig

Bucheckern

Die guten, vollen Bucheckern sinken auf den Boden, kleine Aststücke, Blätter und leere Samenhüllen treiben an der Oberfläche und können abgeschöpft werden.

Geröstete Bucheckern

Die Nüsschen werden entweder mit einem Messer aus ihrer Schale gelöst oder mit heißem Wasser übergossen. Danach lassen sie sich leichter aus der Schale lösen. Dann werden die Nüsschen bei mittlerer Hitze in eine Pfanne gegeben und unter ständigem Rühren geröstet – das ist sehr wichtig, sonst brennen sie an und werden dadurch bitter. Nach Geschmack noch Salz und Gewürze dazugeben, um der gerösteten Delikatesse noch eine besondere Note zu verleihen.

Brotaufstrich

Die gerösteten Bucheckern möglichst fein hacken und mit der Butter, Milch und Kakao verrühren. Dann kommen der körnige Frischkäse und ein Teelöffel Honig hinzu. Man kann den Aufstrich so essen oder mit einem Stabmixer cremig schlagen. Dazu passt eine Scheibe geröstetes Brot.

Im Herbst beschenkt uns die Natur reichlich mit Eicheln und Haselnüssen.

Eichelbrot

- 250 g Eichelmehl
- 250 g Weizen- oder Dinkelmehl
- 1 TL Samen von Anis, Kümmel und Fenchel
- 1/2 Würfel Hefe oder 1 Pck. Trockenhefe
- eine Prise Rohrohrzucker
- 1 TL Stein- oder Meersalz
- ca. 300–350 ml lauwarmes Wasser

EICHELN

Die Eicheln aller Eichenarten sind verwertbar. Sie enthalten etwa 36 % Stärke, 3,3 % Eiweiß und 3,1 % Fett. Wir sammeln nur Eicheln, die auf dem Boden liegen und pflücken keine vom Baum. Am besten geeignet sind große Früchte, da sie weniger bitter sind. Sogar Eicheln, die bereits zu keimen beginnen, können verwendet werden. Bei ihnen sind sogar Teile der Bitterstoffe schon abgebaut. Eicheln kann man wegen ihrer Bitterstoffe nicht roh essen, darum werden sie zu Mehl verarbeitet.

Eichelmehl

Die Eicheln auf ein Backblech legen und etwa fünfzehn Minuten bei 220 Grad rösten. Danach lässt sich die Schale leicht lösen. Frische Eicheln können auch mit einem Messer geschält werden.
Jetzt müssen die Eicheln gewässert werden, um die bitteren Gerbstoffe herauszulösen. Dafür die geschälten Eicheln zwei bis drei Tage in einen Eimer mit Wasser legen. Das Wasser möglichst drei- bis viermal am Tag wechseln. Soll es schneller gehen, kann man die Eicheln auch kochen. Dann das Wasser immer wieder austauschen, bis es klar ist. Ein Zusatz von Natron hilft, die Säuren zu binden und beschleunigt die Entbitterung.
Nun kann man die entbitterten Eicheln zu Mehl zerstoßen oder durch einen Fleischwolf drehen. Reines Eichelmehl ist verwertbar, hat aber einen herben Nachgeschmack. Außerdem kann das Brot bröselig werden, da keine Bindestoffe (Kleber) enthalten sind. Daher eignet sich am Anfang eine Mischung im Verhältnis eins zu eins mit Weizen- oder Dinkelmehl.

Tipp: Das Eichelmehl kann auch mit heißem Wasser aufgegossen und als „Eichelkaffee" getrunken werden.

Eichelbrot

Eichel- und normales Mehl mit den Gewürzen mischen. Die Hefe im Wasser auflösen und aus allem einen elastischen Teig kneten. Etwa eine Stunde abgedeckt gehen lassen, bis sich das Teigvolumen verdoppelt hat. Zu einem Laib Formen und im vorgeheizten Backofen bei 220 °C etwa 40 Minuten backen. Oder den Teig zum Backen von Stockbrot verwenden.

HASELNÜSSE

Ab August beginnen die Haselnüsse zu reifen. Sie sehen anfangs noch grün aus, ab September werden sie braun – dann können wir die Nüsse ernten. Natürlich kann man die Nüsse einfach vom Strauch pflücken, aufknacken und verzehren. Will man sich aber einen kleinen Vorrat anlegen, dann sollte man ein paar Dinge beachten.

Lagerung

Haselnüsse, die zu lange im feuchten Gras gelegen haben, können schimmeln und sind nicht gut lagerfähig. Beschädigte Haselnüsse lassen wir für die Tiere liegen. Nur reife (braune) Nüsse ernten, die grünen können nicht lange gelagert werden. Die Nüsse sollten vier bis sechs Wochen zum Trocknen offen an einem Ort mit geringer Luftfeuchtigkeit gelagert und regelmäßig gewendet werden, damit sie gleichmäßig trocknen. Dann kann man sie etwa ein Jahr lang aufbewahren – wenn sie nicht vorher weggenascht wurden. Mein Lieblingsrezept mit Haselnüssen ist Folgendes:

Gebrannte Haselnüsse

Die geschälten Haselnüsse als Ganzes im Backofen oder in einer Pfanne rösten. In einem hohen Kochtopf das Wasser mit dem Zucker zum Kochen bringen. Sobald der Zucker gelöst ist, die gerösteten Nüsse (mit der braunen Haut), den Vanillezucker und den Zimt in den Topf geben und unter Rühren ca. 10 Minuten kochen. So lange immer weiterrühren, bis die ganze Flüssigkeit verdampft ist. Wenn das ganze Wasser verkocht ist, auf mittlerer Stufe weiterrühren, bis der Zucker karamellisiert und die Nüsse zuckrig glänzen. Die Nüsse auf einem Backpapier verteilen und auskühlen lassen.

Haselnuss

Gebrannte Haselnüsse

- 125 ml Wasser
- 200 g Zucker
- 1 Pck. Vanillezucker
- 2 TL Zimt

1

2

1. Haselnüsse knacken – macht zwar ein bisschen Mühe, lohnt sich aber.

2. Gebrannte Haselnüsse – so lecker!

WARUM DIE BÄUME IHRE BLÄTTER VERLIEREN

In jedem Märchen schlummert ein Funke Wahrheit. Jede Geschichte möchte uns eine kleine Lebensweisheit mit auf den Weg geben. Sie regt unsere Fantasie an und lässt uns nachdenklich oder schmunzelnd den Worten lauschen.

Schon seit langer Zeit gibt es in unseren Wäldern Laubbäume und Nadelbäume. Die Laubbäume waren schon immer sehr stolz auf ihr Erscheinungsbild und zeigten gerne ihre Blätterpracht. Bei jedem Windhauch raschelten sie mit ihren Blättern, damit auch jeder auf ihr Gewand aufmerksam wurde. Selbst im Winter fingen sie die Schneeflocken mit ihren Blättern auf und schauten etwas verächtlich auf die dünnen Nadeln der Fichten und Tannen herab.

Doch eines Tages, als es besonders kalt wurde, wollte ein kleiner Zaunkönig Schutz suchen und flog zum Ahornbaum. Doch der duldete den kleinen Vogel nicht und schickte ihn fort. Bei der Buche konnte der Zaunkönig auch nicht lange bleiben. Sie meinte, er würde sie zu sehr kitzeln und das mochte die Buche nicht. Auch die Eiche bot dem Vögelchen keinen Schutz und schickte es weg, es würde ihre Blätter so unordentlich zerzausen, wenn es auf den Ästen herumhüpfe. So erging es dem Zaunkönig bei jedem Laubbaum.

Als letzte Zuflucht flog der Zaunkönig zur Tanne. Sie meinte nur, er solle sich ruhig ein windgeschütztes Plätzchen suchen und sich unter ihren Zweigen einnisten.

Als der Wind davon hörte, wie die Laubbäume den kleinen Zaunkönig abgewiesen hatten, wurde er sehr zornig. Er wollte den überheblichen Laubbäumen eine Lektion erteilen und pustete mit seiner ganzen Macht auf die Bäume. Sein Atem wurde vom Wind zum Sturm und riss den Laubbäumen sämtliche Blätter von den Ästen. Nur die Nadelbäume mit ihren dünnen feinen Nadeln blieben verschont. Sie behalten bis heute in jedem Winter ihr grünes Nadelkleid. Die Laubbäume hingegen verlieren seither jedes Jahr im Herbst alle ihre Blätter und werden kahl, bevor es Winter wird.

„Der Wind wurde zornig und riss den Bäumen ihre Blätter von den Ästen. Nur die Nadelbäume blieben verschont."

Bei uns verlieren alle Laubbäume im Herbst ihre Blätter.

WINTERZAUBER

Der Wald im Winter ist ganz besonders, vor allem wenn Schnee liegt.
Wer neugierig und aufmerksam ist, kann auch in dieser Jahreszeit viel entdecken.

Waldglück im Winter

Die Herbststürme haben die letzten Blätter von den Bäumen gerissen, der Wald befindet sich in seiner Ruhephase und die Tiere sind auf das Überleben in der kalten Jahreszeit vorbereitet. Wir werden auf unseren Walderkundungen jetzt vor allem spannende Naturphänomene entdecken.

Gut isolierte Winterstiefel sind eine sinnvolle Anschaffung. Es gibt nichts Schlimmeres, als an den Zehen zu frieren.

Für einen zünftigen Waldspaziergang packen wir uns schön warm ein: Möglichst mehrere Kleidungsschichten im Zwiebelschalenprinzip und gutes Schuhwerk sind ganz wichtig. In den Rucksack packen wir eine Thermoskanne Tee, dazu eine Kleinigkeit für den Hunger zwischendurch und ein Sitzkissen aus Isoliermatte zum Rasten. Für mich gehören auch Handschuhe und Wollmütze zur Winterausrüstung, bei längeren Aktionen kann ein Handwärmer nützlich sein.

WAS PASSIERT IM WINTERWALD?

Mit etwas Glück fällt Neuschnee und man kann besonders gut nach Tierspuren schauen. Trotz der Kälte sind viele Wildtiere aktiv. Die Füchse befinden sich im Dezember und Januar sogar in Hochzeitsstimmung. Gut geschützt durch ihr dickes Winterfell können sie nächtelang durch die Wälder streifen und durch heiseres Bellen auf sich aufmerksam machen. Dagegen versuchen die Rehe, die meiste Zeit des Tages auszuruhen. Sie wollen so wenig Energie wie möglich verbrauchen und leben auf Sparflamme. Darum sind Störungen für das Wild durch „querwaldein" Laufen möglichst zu vermeiden. Es gibt auch genug Interessantes entlang der Waldränder oder -wegen zu entdecken. Wo sind die Kräuter geblieben, die wir im Sommer noch betrachtet haben? Was geschieht in der Welt der Bäume während des Winters? Gibt es eigentlich auch im Winter Pilze? Das wollen wir herausfinden.

Pflanzen und Pilze im Winterwald

Die Vegetationszeit der Kräuter ist längst vorbei und die Bäume tragen keine Blätter mehr. Zwar wirkt der Wald im Winter dadurch ziemlich kahl, aber die Pflanzen warten einfach nur auf den nächsten Frühling. Und manche Pilze brauchen die Kälte sogar.

Wenn wir uns die Standorte des Bärlauchs gemerkt haben, können wir dort jetzt Bärlauchzehen ausgraben.

BAUMKNOSPEN

In den Knospen der Bäume werden schon im Sommer und Herbst die Blätter angelegt. Gut geschützt von harten Knospenschuppen, oft umgeben von klebrigem Harz, manchmal auch behaart, warten die Blätter und Blüten darin auf das Frühjahr. Mit etwas Übung lassen sich Gehölze im Winter sogar anhand ihrer Knospen auseinanderhalten. Sie unterscheiden sich in ihrer Anordnung am Zweig, ihrer Form und Größe sowie ihrer Farbe.

Die Buche hat lange, spitze Knospen.

Die Kastanie hat einen klebrigen Harzüberzug

Die Esche hat schwarze, samtige Knospen.

Der Bergahorn hat eine dicke, grüne Endknospe.

1. Judasohren wachsen fast immer auf Holunder.

2. Den Samtfußrübling stört eine Mütze aus Schnee nicht.

2

3

1

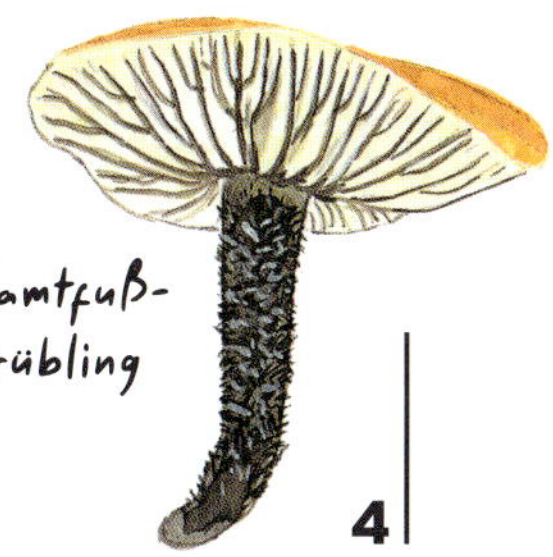

4

WINTERPILZE FINDEN

Pilze suchen im Winter – geht das überhaupt? Na klar! Die meisten Pilzfruchtkörper sterben bei frostigen Temperaturen ab, übrig bleiben schwarze Pilzreste, die wir am Waldboden oder auf Baumstümpfen finden. Der eigentliche Pilz, das Myzel, liegt gut geschützt im Waldboden und wartet auf ideale Bedingungen, bis es wieder Pilzkörper ausbildet. Einige wenige winterharte Pilzarten brauchen jedoch die Kälte, erst dann bilden sie Sporen aus.

Austernpilz, Judasohr und Samtfußrübling

Am besten bekannt wird der Austernpilz sein, ihn gibt es auch als Zuchtpilz im Supermarkt. In den Wäldern können wir ihn meist an alten Buchen entdecken. Dort wachsen die Pilzkörper übereinander am Baumstamm und erinnern an eine Muschelbank.

An Holunderstämmen sehen wir oft einen Pilz, der an ein braunes, faltiges Ohr erinnert, und so heißt dieser Pilz auch Judasohr. Er hat eine knorpelige Konsistenz, wird gerne in der asiatischen Küche verwendet und dort als „Mu-Err“-Pilz serviert.

Der Dritte im Bunde der Winterpilze ist der Goldbraune Samtfußrübling. Der Begriff Samtfuß bezieht sich auf den samtig überzogenen Stiel. Dieser Pilz wächst meist büschelig auf Baumstümpfen von Laubhölzern und an totem Baumholz, seltener findet man ihn an noch gesunden Bäumen.

3. Austernpilze – mal nicht aus dem Supermarkt.

4. Der Samtfußrübling hat einen dunklen, samtigen Stiel.

Entdeckungstour im Winterwald

Auf Waldwegen oder am Waldrand entlang halten wir Ausschau nach Wildtieren. Da die Bäume ihre Blätter verloren haben, können wir viel weiter in den Wald hineinschauen und entdecken vielleicht das ein oder andere Tier, das uns sonst im Schutz der Blätter verborgen geblieben wäre.

Hier ist ein Feldhase entlanggehoppelt.

TIERSPUREN IM SCHNEE

Der Schnee ist unser Verbündeter: Er zeigt uns alles, was sich in der Nacht zugetragen hat. Wir sehen, welche Tiere unterwegs waren, wo sie entlanggelaufen sind und manchmal sogar, ob sie spät abends oder in der Frühe unterwegs waren.

Spurendetektive

Tierspuren erforschen ist sehr spannend. Es gehören Neugierde und die Fähigkeiten eines Detektivs dazu, die Fährten richtig zu lesen. Am besten kann man Spuren auf frisch gefallenem Schnee mit einer darunterliegenden harten Schicht Altschnee lesen. Bei diesen Bedingungen lassen sich sogar feinste Details einer Pfote oder eines Hufs erkennen. Wir können zählen, wie viele Zehen das Tier an seiner Pfote hat. Wir schauen nach, ob wir Krallen an der Pfote entdecken können, und natürlich gibt uns auch die Größe der Spur einen Hinweis auf die Wildart. Schaut euch die Bilder auf dieser Seite an, sie zeigen euch die wichtigsten Spuren. Und wer noch mehr Spuren lesen will, der schaut in die Umschlagklappen, da gibt es noch mehr Infos für Fährtensucher.

Fährten lesen

Auch daran, wie die einzelnen Abdrücke hinter- oder auch nebeneinander im Schnee erscheinen, kann man einiges erkennen. Die Füchse setzen z. B. eine Pfote direkt vor die andere und treten mit ihren hinteren Pfoten in die Spur der vorderen Pfoten. Das ergibt ein Fährtenbild wie eine Schnur mit kleinen Perlen darauf. Wir sagen darum zur Gangart des Fuchses „er schnürt“. Beim Eichhörnchen finden wir Abdrücke einer hoppelnden Fortbewegung, die ganz sicher an einem Baumstamm enden wird. Im Wald und auf der Wiese sind die Feldhasen unterwegs und auch sie bewegen sich hoppelnd. Auffällig ist dabei, dass sie ihre Vorderpfoten zuerst aufsetzen, und die Hinterpfoten werden dann weiter vorne aufgesetzt. Das sieht aus wie zwei Punkte hintereinander und zwei längere Striche darüber. Je nach Geschwindigkeit sind die Abstände der Sprünge länger oder kürzer.

Katzen (auch Wildkatze und Luchs) können ihre Krallen einziehen, darum sieht man sie im Abdruck nicht. Bei Fuchs- und Hundespuren sind sie gut zu erkennen.

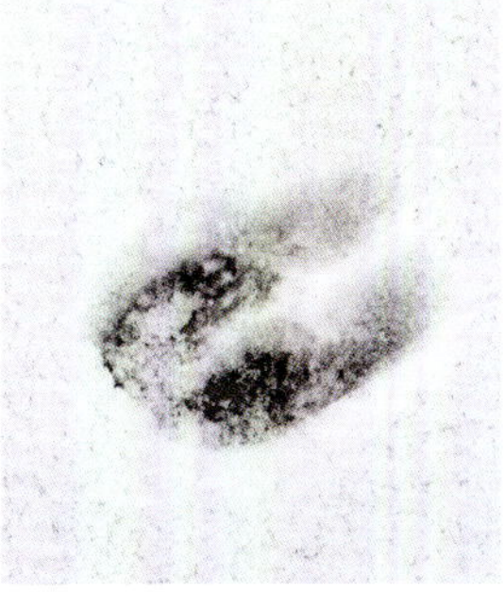

Bei Rehen und Hirschen drücken sich zwei Zehen ab.

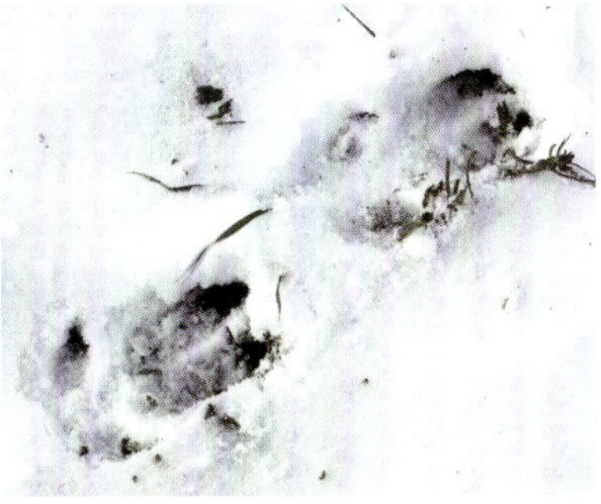

Beim Wildschwein sieht man neben den beiden Hauptzehen auch noch die beiden Nebenzehen.

Wildschwein

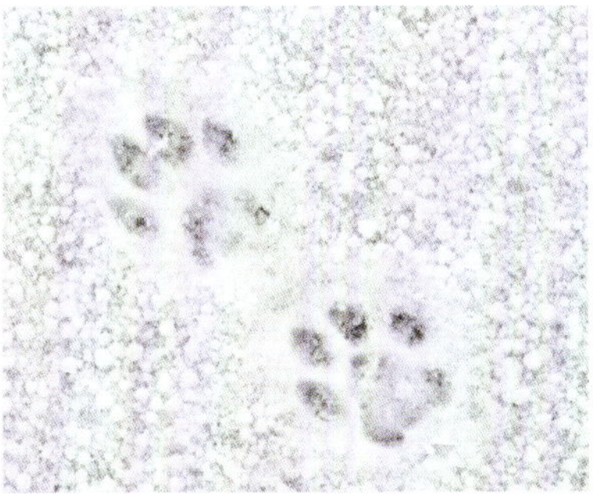

Das ist eine Katzenspur. Man kann sie auch gut im Garten entdecken.

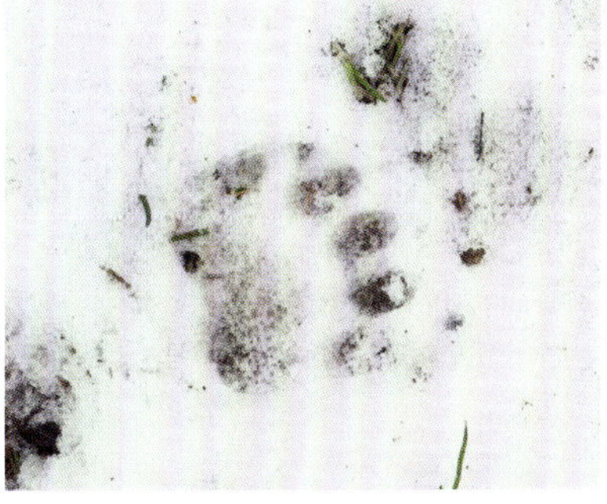

Eine große Tatze mit fünf Zehen und Krallenabdrücken gehört zum Dachs.

Beim Abdruck der Fuchspfote kann man die Krallen erkennen.

Im Winter geht der Fuchs auf Brautschau.

FUCHSHOCHZEIT

Mitten in der Winterzeit, wenn es kalt ist im Wald und das Futter knapp werden kann, halten die Füchse Hochzeit. Diese Zeit nennen wir die „Ranzzeit". Sie beginnt im Dezember und geht bis Februar. In der Nacht lassen die Rüden (männliche Füchse) ein heiseres, drei- bis fünfsilbiges Bellen erklingen, das „Ranzbellen". Manchmal hört man auch ein lang gezogenes, hohes Schreien, ähnlich wie „Waaaah". Diesen Fuchsschrei können sowohl Rüden als auch Fähen (weibliche Füchse) hervorbringen. Die Fähen sind nur wenige Tage fruchtbar, darum sind die Rüden in dieser Zeit viel unterwegs, um nach den Fähen Ausschau zu halten. Sie wechseln dazu auch in benachbarte Reviere und lassen keinen Bau aus, der nicht kontrolliert oder inspiriert wird. Bei Schnee lassen sich viele Fuchsspuren entdecken. Würden wir den Spuren unbeirrt folgen, könnten wir auf diese Weise sämtliche Fuchs- und Dachsbaue im Waldstück entdecken.

Nach der Fortpflanzungszeit trägt die Fähe 50 Tage und wirft dann vier bis sechs Junge in einem Erdbau. Gut geschützt entwickeln sich dort die Welpen, die blind auf die Welt kommen. Nach weiteren drei Wochen kommen die Jungen erstmals aus dem Bau.

Waldabenteuer im Winter

Vielleicht wurde der erste Schneemann schon gebaut? Aber wie wäre es mal mit einem Schneetier? Aber auch wenn kein Schnee liegt, kann man im Winterwald großartige Abenteuer erleben. Ich finde es besonders toll, sich ein schützendes Lager zu bauen.

Vergesst nicht, ein Foto von eurem Schneetier zu machen, um es euch im Sommer noch einmal anschauen zu können.

Wie gefällt euch dieser Schneefuchs?

WALDSCHLAFSACK

Wie wäre es, wenn wir im Wald übernachten müssten? Dazu bräuchten wir ein gutes Waldlager, eine Waldhütte oder ein Waldversteck. Die Aufgabe ist, ohne Schnüre oder Nägel, nur mit Ästen und Zweigen, die man auf dem Waldboden findet, einen brauchbaren Unterschlupf aufzubauen. Ich nenne so ein Bauvorhaben gerne „Waldschlafsack".

Das Grundgerüst

Die stabilste Konstruktion ist ein sogenanntes Dreibein. Zwei kräftige Astgabeln, die etwa einen Meter lang sind, werden ineinandergestellt. Darauf legen wir eine kräftige Holzstange, die gut 2,5 bis 3 Meter lang sein darf. Die beiden gespreizten Astgabeln halten den Dachfirst und ergeben unser Grundgerüst. Jetzt müssen wir nur noch viele kleine Äste und Zweige suchen, die wir seitlich in einem schrägen Winkel aufstellen, etwa im gleichen Winkel wie unsere beiden Astgabeln. Das sieht dann schon nach einer kleinen Hütte aus. Zur Abdeckung tragen wir Laub zusammen, welches von unten nach oben an die Seitenteile der Hütte aufgehäuft wird. Je mehr Laub wir sammeln und auflegen, umso dichter wird unser Waldschlafsack.

Innenausbau

Im Innern unserer Asthütte können wir noch Laub als gemütliche Unterlage einbringen. Zum Schluss darf jeder einmal in der Laubhütte probeliegen und sich vorstellen, wie es sich darin bei einer Übernachtung anfühlen könnte. Ganz schön kalt, meint ihr? Dann brauchen wir ein wärmendes Feuer – wie das geht, habe ich schon auf den Seiten 80 und 81 erklärt. Und wie hat man früher das Feuer entzündet, als man noch keine Zündhölzer hatte? Mit einem Zunderschwamm – den wollen wir jetzt entdecken.

1

2

1. So sieht das Grundgerüst eines „Leanto" aus, einer nach vorne offenen Schlafstätte im Wald

2. Die Laubhütte steht und bietet Schutz vor der Kälte.

3

3. Im verschneiten Wald machen wir uns auf die Suche nach dem Zunderschwamm.

4

4. Gefunden: Hier wächst er!

AUF DER SUCHE NACH DEM ZUNDERSCHWAMM

Der Zunderschwamm ist ein Pilz aus der Familie der Porlinge. Sie gehören zu den wenigen Pilzgruppen, bei denen sich mehrjährige Fruchtkörper bilden können. Jedes Jahr nach der Sporenbildung wachsen diese Pilze weiter und bilden neue Schichten. Die Fruchtkörper des Zunderschwamms können mehrere Jahrzehnte alt werden. Es sind Exemplare bekannt, die bis zu 30 Jahre alt geworden sind.

Außen hart, innen weich

Der Zunderschwamm ist oberseits hell- bis dunkelgrau. Unter der harten Kruste befindet sich eine weiche und verhältnismäßig dünne Fruchtschicht. Schnitzt man ein bisschen vom Hutrand weg, kann man den Pilzaufbau gut sehen. Die Fruchtschicht fühlt sich wildlederartig an und ist der Grund, weshalb Zunderschwämme zum Feuermachen gesammelt wurden. Durch mehrere Arbeitsgänge konnte daraus ein faseriges, filziges Zundermaterial hergestellt werden. Es genügt ein Funken, um den Zunderschwamm zum Glühen zu bringen. Außerdem hält er die Glut sehr lange und wurde deswegen zur Glutbewahrung oder zum Transport von Glut verwendet.

Wo findet man ihn?

Den Zunderschwamm findet man hauptsächlich an Buchen und Birken, dort gilt er als ein Schwächeparasit. Er ist ein typischer Bewohner älterer Buchenwald-Bestände, ist aber auch in Mooren anzutreffen.
Wir wandern also durch einen Wald mit einem alten Buchenbestand oder durch ein Moorgebiet mit Birken und halten Ausschau nach abgestorbenen Bäumen. Dabei können wir schon aus einiger Entfernung an den noch stehenden Bäumen die großen Fruchtkörper der Porlinge entdecken. Um festzustellen, ob es sich um einen Zunderschwamm handelt, schneiden wir mit einem Messer einen Teil der harten Kruste weg und suchen die braune Fruchtschicht. Mit ein bisschen Glück haben wir so den Zunderschwamm entdeckt.

Den Zunderschwamm kann man mit Lackporlingen und dem Gemeinen Feuerschwamm verwechseln. Ähnlichkeit besteht auch mit dem Rotrandigen Baumschwamm, der allerdings meist an Nadelholz zu finden ist.

RÄUCHERN

In manchen Regionen ist das Räuchern zu den Raunächten noch üblich. Die Raunächte beginnen ab der Wintersonnwende am 21. Dezember, manche rechnen aber auch erst ab dem 25. Dezember den Beginn der zwölf Raunächte.

Etwas helles Harz mit einem Stöckchen abschaben und auf einem Rindenstück sammeln.

EINE MAGISCHE ZEIT

Der Überlieferung nach sind die Raunächte die Nächte zwischen den Jahren. Grundlage ist der Mondzyklus, in dem das Jahr nur zwölf Mondmonate umfasst und deswegen nur 354 Tage hat. Dadurch fehlen elf bzw. zwölf Nächte zum astronomischen Sonnenjahr.

In vielen Kulturen wurde angenommen, dass in dieser Zeit die Gesetze der Natur außer Kraft gesetzt seien und die Welt zu den Geistern offenstünde. Durch das Räuchern sollten böse Geister vertrieben und gute willkommen geheißen werden. Zum Brauchtum über den Jahreswechsel gehören auch das Böllern an Silvester, die Perchten in den Alpenländer oder das alemannische Faschingstreiben, das den Winter austreiben soll.

RÄUCHERGUT

Verräuchert werden getrocknete, wohlriechende und ungiftige Heilkräuter, getrocknete Wurzelstückchen oder das Harz von Nadelbäumen. Mögliche Kräuter sind Salbei, Beifuß, Holunder, Schafgarbe, Wacholder, Engelwurz und Baldrian. Die Heilkräuter sollten schon im Frühjahr und Sommer gesammelt und getrocknet werden. Wer hat, kann auch getrocknete Minze, Salbei, Lavendel, Rosmarin oder Thymian aus dem Teevorrat oder aus dem Garten nehmen. Wir starten unsere Räucherversuche mit Baumharzen.

MIT HARZEN RÄUCHERN
Zum Räuchern eignen sich die Harze von Fichte, Tanne, Lärche und Kiefer. Diese Nadelbäume lassen Harz bei Verletzungen an der Rinde austreten. Das Harz dient als Wundverschluss und schützt den Baum vor eindringenden Pilzen, Bakterien und Viren. Auf unserem Waldspaziergang schauen wir nach Bäumen, an denen weißes Harz an der Rinde klebt. Frisch ausgetretenes Harz ist noch bernsteinfarben, erst wenn es trocknet, bekommt es eine weiße bzw. helle Farbe Färbung. Diese getrockneten Harzperlen schaben wir mit einem Hölzchen ab und legen sie zum Sammeln und Transportieren auf ein Stück Rinde. Je trockener die Harzperlen sind, desto besser. Notfalls können wir das Harz zu Hause noch etwas nachtrocknen lassen. Zum Räuchern entzünden wir in einem feuerfesten Gefäß eine Räucherkohle. Diese Kohle ist so behandelt, dass sie nach dem Anzünden weiterglimmt. Sobald die Räucherkohle durchgeglüht hat, legen wir Harz oder Kräuter auf die Kohle.

1

1. Wenn die Räucherkohle glimmt, legt man Harz- und Kräuterstückchen auf.

2. Ganz einfach: Fichtennadeln auf einem Stövchen verräuchern.

Wacholder

2

Auch mit getrockneten Kräuterbündeln aus Salbei, Beifuß, Baldrian, Holunder oder Wacholder kann man räuchern.

Traditionell verwendet man eine große Feder, um den entstandenen Rauch abzufächern und zu verteilen.

Essbares und Nützliches aus dem Winterwald

Viel Essbares findet man jetzt nicht mehr. Aber am Schwarzdornstrauch hängen seit November Früchte, die aussehen wie kleine Zwetschgen. Nach den ersten Nachtfrösten kann man sie ernten. Und man kann getrocknetes Harz von Nadelbäumen sammeln – zum Räuchern oder für eine Salbe.

Vorsicht beim Pflücken: Schlehen haben spitze Dornen!

Wintergelee

- 1 kg Schlehen
- 1 kg Äpfel
- 2 EL Zitronensaft
- 1 kg Gelierzucker 1:1

SCHLEHEN

Die Früchte vom Schwarzdorn nennt man Schlehen. Sie sind essbar, schmecken aber herb und säuerlich. Nach den ersten Nachtfrösten Ende November bis in den Dezember werden die Früchte erst richtig genießbar. Bei Frost werden die bitteren Gerbstoffe teilweise abgebaut und die Früchte weicher und süßer. Man kann sie dann zwar roh essen, aber in Saft, Marmelade oder Sirup und Likör kommt ihr Geschmack erst richtig zur Geltung.

Ganz schön wehrhaft

Schlehenhecken können undurchdringliche Gestrüppe bilden und bieten verschiedenen Vogelarten und kleinen Tieren einen idealen Lebensraum. Der Strauch schützt nicht nur sich, sondern auch seine „Untermieter" mit spitzen, hölzernen Dornen. Darum sollten wir beim Pflücken sehr vorsichtig sein oder Handschuhe tragen.

Wintergelee

Aus Schlehen und Äpfeln kann man einen leckeren Fruchtaufstrich kochen. Dafür die Äpfel samt Schale vierteln und die Gehäuse herausschneiden. Die Schlehen mit den Äpfeln und dem Zitronensaft mischen und mit Wasser bedeckt 40 Minuten köcheln lassen. Das Schlehen-Apfelmus mit einem Holzstampfer durch ein Sieb drücken und anschließend den Saft durch ein Tuch laufen lassen. Den

Waldkiefer

Die Salbe beim Zubereiten nie zu stark erhitzen, um die guten Inhaltsstoffe nicht zu zerstören.

Für die Harzsalbe benötigt man nur drei Zutaten. Sie hält sich gut ein Jahr und hilft bei kleineren Hautverletzungen.

Saft abwiegen und die gleiche Menge an Gelierzucker hinzugeben. Die Mischung vier Minuten kochen lassen, in saubere Schraubgläser füllen und gut verschließen.

HARZSALBE RÜHREN

Die Harze der Nadelbäume beinhalten Wirkstoffe, mit denen sie sich gegen das Eindringen von Pilzsporen, Bakterien und Viren wehren. Diese Wirkstoffe können wir auch z. B. bei Schürfwunden für uns nutzen. Dazu wird üblicherweise eine Salbe aus Harz hergestellt, die im Volksmund auch „Pechsalbe“ heißt.

So geht‘s

Fichtenharz – man kann auch das Harz von Lärche, Kiefer oder Tanne oder eine Mischung verwenden – und Olivenöl in ein sauberes Gefäß geben und im Wasserbad oder auf einem Stövchen erwärmen. Warten, bis sich das Harz auflöst. Um Verunreinigungen zu entfernen, kann man die Mischung durch einen Filter oder ein Sieb gießen. Nun das Bienenwachs dazugegeben und das Ganze wieder erwärmen, bis das Bienenwachs geschmolzen ist. In kleine Glastiegel abfüllen, auskühlen lassen und erst dann verschließen.

Harzsalbe

- 80 ml Olivenöl
- 30–40 g Harz (Fichte, Kiefer, Tanne oder Lärche)
- 10 g Bienenwachs
- Gefäß zum Rühren
- Wasserbad oder Stövchen

WARUM DIE EICHE IM WINTER IHRE BLÄTTER BEHÄLT

Diese Geschichte lässt sich im Winter direkt unter einer Eiche stehend am schönsten erzählen.

Vor langer Zeit stand diese Eiche schon in diesem Wald. Damals gab es kein Dorf und keine Stadt weit und breit, nur Wald so weit das Auge reichte. Doch in der Nähe der Eiche stand eine kleine Holzhütte. Darin lebte ein Mann mit seiner Frau. Der Mann war ein Köhler, er sammelte jeden Tag Holz und schichtete es zu einem großen Haufen, deckte ihn mit Erde ab und nach dem Anzünden wurde daraus Holzkohle. Die Arbeit war sehr hart und der Verdienst sehr gering. Doch die Freude war sehr groß als der Köhler erfuhr, seine Frau würde im Sommer ein Kind bekommen. Darauf freuten sich die beiden schon sehr lange.

Doch eines Tages wurde die Frau sehr krank und schwach. Da halfen keine Wildkräuter zur Heilung und es gab keine Hilfe in der Nähe. Und auch ein Arzt war weit und breit nicht zu finden.

Eines Abends aber klopfte es unerwartet an der Tür der kleinen Hütte. Der Köhler öffnete vorsichtig und vor ihm stand eine große Gestalt mit gebogener Nase, abstehenden Ohren und Hörnern auf der Stirn. Der Fremde sagte: „Servus Köhler, gestatten, mein Name ist Teufel! Ich habe gehört, deine schwangere Frau sei sterbenskrank geworden. Ich könnte ihr helfen, wieder gesund zu werden. Dafür würde ich nichts weiter verlangen als euer neugeborenes Kind. Wenn du den Pakt mit mir eingehst, dann komme ich im Herbst, wenn die letzten Blätter gefallen sind, und hole mir das Kind."

In seiner großen Not und Angst um seine Frau willigte er in den Pakt mit dem Teufel ein und dieser verschwand in die Nacht. Nach zwei Wochen verbesserte sich der Gesundheitszustand seiner Frau tatsächlich und eine Woche später war sie völlig gesund und konnte das Bett wieder verlassen. Der Sommer zog ins Land und es kam der Tag der Geburt. Sie bekamen ein hübsches, gesundes und liebliches Kind und die Freude darüber war

Der Teufel hat die Blätter der Eiche zerfetzt.

sehr groß. Doch über all der Freude vergaß der Köhler nicht seinen Pakt mit dem Teufel.

Eines Tages setzte sich der Köhler voller Trauer und Verzweiflung unter die Eiche bei seiner Hütte und klagte ihr seinen großen Kummer. Da begann die Eiche plötzlich zu ihm zu sprechen. Manchmal machen das Eichen ganz unverhofft. Und sie sagte zu ihm: „Lieber Köhler, das ist ja eine traurige Geschichte, aber ich werde mir etwas einfallen lassen, damit der Teufel euer Kind nicht holen kann. Sobald er wieder bei dir auftaucht, kommt ihr zu mir und dann werden wir dem Teufel ein Schnippchen schlagen." Mit etwas Hoffnung kehrte der Köhler zu seiner Hütte zurück und konnte nichts anderes tun, als abzuwarten.

Und tatsächlich klopfte es an einem Herbsttag an die Tür der kleinen Hütte. Poch, poch, poch! Der Köhler öffnete zitternd und wieder stand der Teufel vor seiner Tür. „Nun Köhler, es ist Herbst und wir haben vereinbart, dass ich das Kind holen komme, wenn das letzte Laub gefallen ist." Gemeinsam gingen sie zur Eiche und der Köhler blickte um sich. Tatsächlich hingen an verschiedenen Bäumen noch einzelne bunte Blätter, aber an der Eiche waren noch gar viele braune Blätter im Geäst. Wütend ging der Teufel davon und kündigte an, in einem Monat zurückzukehren.

Die Herbststürme kamen und rissen alle Blätter von den Bäumen. Da erschien der Teufel wieder und wollte den Pakt einlösen. Wieder ging er mit dem Köhler zur Eiche und sah die kahlen Äste der Bäume, nur auf der Eiche hielten sich nach wie vor die braunen Blätter in den Zweigen. Wieder verließ der Teufel wütend den Ort und kündigte an, im Winter wiederzukommen.

An einem eisigen Wintertag tauchte der Teufel wieder auf. Überall lag Schnee auf den kahlen Ästen. Doch bei der alten Eiche angekommen sah er, dass trotz des Schnees viele braune Blätter in der Baumkrone hingen. Der Teufel zischte vor Wut und drohte, bald wieder zurückzukommen.

Es war Frühling geworden als er zurückkam. Überall zeigten sich schon die ersten grünen Blättchen an den Bäumen und Sträuchern. Nur die Eiche war nach wie vor üppig mit ihren braunen Blättern besetzt. Da merkte der Teufel, dass er von der Eiche hereingelegt worden war und um seine erhoffte Bezahlung geprellt wurde.

Wütend fing er an, in die Blätter der Eiche zu beißen. Bis heute sehen wir an den Eichenblättern noch die ausgefransten Ränder. Und mit seinen scharfen Krallen kratzte er an der Rinde der Eiche. Seine Spuren sind bis zum heutigen Tag als tiefe Furchen in der Borke zu sehen. Doch der Teufel verschwand daraufhin und ward nie mehr gesehen. Der Köhler aber lebte weiter mit seiner Frau und seinem Kind unter der schützenden Eiche.

Die Krallen des Teufels haben Spuren hinterlassen.

TIERE PFLANZEN PILZE

REH 018

— *Capreolus capreolus*

Das Reh ist unsere kleinste und häufigste Hirschart in Mitteleuropa. Die Rehböcke (Männchen) können bis zu 29–34 kg schwer werden, die Ricken (Weibchen) bleiben unter 30 kg. Ihre Nahrung besteht aus Kräutern, Knospen und Gräsern. Im Sommer ist das Rehfell rotbraun bis fahlgelb, im Winter hell- bis dunkelgrau. Seltener gibt es ganz weiße, schwarze oder gescheckte Fellfärbungen. Die Rufe sind ein helles Fiepen, wie das Pfeifen auf einem Grashalm, als Kontaktrufe. Als Warnruf dient ein heißeres Bellen, das als Schreckruf bezeichnet wird. Die Kitze werden meist im Mai geboren und zeigen etwa zwei Wochen lang das Verhalten, bei Gefahr völlig reglos auf dem Boden liegen zu bleiben. Mit ihrem braunen Fell mit weißen Tupfen sind sie bestens getarnt.

ROTHIRSCH 019

— *Cervus elaphus*

Der Rothirsch ist unsere größte Hirschart. Hirsche (Männchen) können über 200 kg wiegen. Ihr Fell ist im Sommer rotbraun, im Winter graubraun. Nur die Hirsche tragen ein mächtiges Geweih, das im Frühjahr abgeworfen wird. Sie ernähren sich von Gras, Kräutern, Bucheckern, Kastanien, Eicheln und Schälen auch Rinde von den Bäumen. Hirschkühe (Weibchen) bilden mit ihren Kälbern (Jungtiere) eigene Rudel, die Hirsche außerhalb der Fortpflanzungszeit (Brunft) ebenso. Die Brunft findet ab Mitte September bis Ende Oktober statt, dabei ist vom Platzhirsch das brunfttypische Röhren zu hören. Gegen Rivalen wird dann auch das mächtige Geweih eingesetzt, um ihre Kräfte zu messen, und es kann dabei zu blutigen Kämpfen kommen.

WILDSCHWEIN 020

— *Sus scropha*

Die Zahl der Wildschweine ist bei uns in den letzten Jahren ständig gewachsen und sie kommen in allen Regionen (außer dem Gebirge) vor. Keiler (Männchen) können ein Gewicht von bis zu 200 kg erreichen, Bachen (Weibchen) wiegen in unserer Region bis zu 100 kg. Die Frischlinge (Jungtiere) kommen meist in der Zeit von März bis Mai auf die Welt. Ein Rudel aus mehreren Wildscheinen heißt „Rotte" und wird von Bachen mit ihren Frischlingen gebildet. Keiler sind Einzelgänger, erst während der Fortpflanzungszeit (Rauschzeit) im Winter suchen sie die Bachen auf. Wildschweine sind sehr anpassungsfähig. Als Allesfresser durchwühlen sie den Boden nach Wurzeln, Samen, Pilzen, Würmern und Schnecken, fressen sich aber auch gerne mal an einem Maisfeld satt.

FELDHASE

— *Lepus europaeus*

Der Feldhase ist mit 3–5 kg doppelt oder dreimal so schwer wie ein Wildkaninchen. Die meiste Zeit des Jahres sind Hasen dämmerungs- und nachtaktiv, nur zum Winterende und im zeitigen Frühjahr zur Fortpflanzungszeit sind sie auch tagsüber öfter zu sehen. In der Paarungszeit tragen die Hasen rasante Verfolgungsrennen und sportliche Boxkämpfe aus. Die Häsin kann pro Jahr 3–4 mal Junge bekommen. Die kleinen, 100 g schweren Wollknäuel kommen bereits sehend und mit Fell zur Welt und können auch schon hoppeln. Tiere, die gleich nach der Geburt schon sehr selbstständig sind, nennt man Nestflüchter. Der Hase hat viele Fressfeinde, dazu gehören sowohl Raubtiere als auch Greifvögel. Seine einzige Verteidigung ist die Flucht, dabei kann er Haken schlagend bis zu 70 km/h schnell werden.

ROTFUCHS 021

— *Vulpes vulpes*

Füchse können 5–8 kg schwer und knapp über 1 m lang werden. Die häufigste Fellfärbung ist rotbraun, dabei sind Kehle, Bauchunterseite und die Schwanzspitze weiß, die Füße schwarz. Es gibt jedoch auch helle und sehr dunkle Füchse. Die Fortpflanzungszeit (Ranzzeit) ist im Winter. Im Mai erscheinen dann die Jungfüchse das erste Mal vor dem Fuchsbau. Die Hauptnahrung bilden Feldmäuse, doch Füchse haben ein sehr breites Nahrungsspektrum und fressen auch kleine Vögel, Regenwürmer, Insekten, Früchte und Aas. Füchse können sich eigene Baue graben, aber sie nutzen auch gerne verlassene Dachsbaue oder leben sogar in Nachbarschaft mit den Dachsen im gleichen Bau. Reste von Vogelfedern oder Knochen in Baunähe verraten oft die Anwesenheit einer Fuchsfamilie.

DACHS 022

— *Meles meles*

Der Dachs ist ein Raubtier aus der Familie der Marder. Er kann bis zu 17 kg schwer werden. Auffällig ist vor allem die maskenartige, schwarz-weiße Zeichnung des Kopfes, die Grundfarbe des Fells erscheint grau. Durch ihre überwiegend nächtliche Lebensweise bekommen wir Dachse kaum zu Gesicht. Sie graben große Bauanlagen, die Kessel werden mit trockenem Laub, Gras und Farn ausgepolstert. Darin halten die Dachse ab November Winterruhe. Doch hin und wieder kommen sie aus dem Bau, begeben sich auf einen winterlichen Streifzug und wir können dann im Schnee Dachsspuren entdecken. Der Dachs ist ein Allesfresser und nutzt überwiegend pflanzliche Kost wie Wurzeln, Obst, Samen und Pilze, er frisst aber auch kleine Tiere wie Regenwürmer, Käfer und Wühlmäuse.

MARDER 023

— *Martes spec.*

Es gibt in unseren Wäldern eigentlich zwei Marderarten: den Baummarder und seinen weitaus häufigeren Verwandten, den Steinmarder (Foto). Der Steinmarder hat seinen Lebensraum aus dem Wald weit in Dörfer und Städte hinein ausgebreitet. Steinmarder werden bis zu 80 cm lang und wiegen bis zu 2 kg. Ihre Hauptnahrung besteht hauptsächlich aus Kleinsäugern, Vögeln und deren Eiern, Insekten, Fröschen und Schnecken. Im Herbst fressen sie auch gerne Obst und Beeren. Da Marder auch im Winter aktiv sind, finden wir ihre Spuren häufig im Schnee, sie hinterlassen eine Fährte, bei der beide Pfoten nebeneinander abgedrückt werden (Paarsprung). In der sommerlichen Fortpflanzungszeit (Ranzzeit) oder bei starker Erregung gibt der Marder fauchende Laute von sich.

EICHHÖRNCHEN 024

— *Sciurus vulgaris*

Weil sie tagaktiv sind, können wir Eichhörnchen besonders gut beobachten. Am Ende des Winters und am Frühlingsanfang sehen wir, wie sie sich akrobatische Verfolgungsrennen in den Bäumen liefern. Es ist der Beginn der Fortpflanzungszeit. Sonst leben die kleinen Hörnchen als Einzelgänger. Zum Schlafen legen sie sich in ihr Nest, den Kobel. Häufig finden wir abgenagte Fichtenzapfen, von denen ein Eichhörnchen 100 Stück am Tag zerlegen kann, um an die kleinen Fichtensamen unter den Schuppen zu gelangen. Es gibt rotbraune und fast schwarze Eichhörnchen, es ist jedoch immer die gleiche Art. In manchen Ländern wurden Grauhörnchen eingeschleppt, die etwas größer als unser heimisches Eichhörnchen sind und die es aus ihrem Lebensraum verdrängen können.

BUNTSPECHT 025

— *Dendrocopos major*

Der Buntspecht bewohnt sowohl Laub- als auch Nadelwälder. Seine Nahrung besteht aus Insekten und anderen Wirbellosen, Vogeleiern, Samen und Beeren. Das Männchen erkennt man am roten Genickfleck, der beim Weibchen fehlt. Beide haben einen schwarz-weißen Rücken, einen weißen Bauch und die Schwanzunterseite ist kräftig rot. Ab Ende des Winters und besonders im Frühjahr hört man das Trommeln, das 2 Sekunden lang dauern kann und aus 10–15 Schlägen besteht.

WALDKAUZ 026

— *Strix aluco*

Der Waldkauz ist eine unserer häufigsten Eulenarten. Er brütet in Baum- und Felshöhlen, aber auch auf Dachböden. Seine Nahrung besteht überwiegend aus Mäusen, aber er kann auch Vögel fangen. Das Männchen ruft im zeitigen Frühjahr sehr häufig. Sein Balzruf ist ein lang gezogenes, schauriges „Huh-Huhu", das Weibchen antwortet dagegen mit einem kurzen „Kuwitt". Da der Waldkauz hauptsächlich nachtaktiv ist, bekommt man ihn selten zu Gesicht. Außerdem ist er durch seine Gefiederfarbe sehr gut getarnt.

EICHELHÄHER 027

— *Garrulus glandarius*

Der Eichelhäher wird auch die „Waldpolizei" oder der „Wächter des Waldes" genannt, denn er signalisiert lautstark mit seinem typischen Warnruf „Rätsch-Rätsch" Störungen im Wald. Gut zu erkennen sind seine schönen blauschwarzen Deckfedern am Flügel,. Manche nennen den Eichelhäher auch „Gärtner des Waldes": Er sammelt im Herbst Eicheln und legt sich Futterdepots an. Vergessene Eicheln keimen aus und so trägt der Eichelhäher zur Verbreitung der Eichen bei.

KLEIBER 028

— *Sitta euroaea*

Der Kleiber ist der Akrobat unter den Vögeln: Er kann kopfüber an Baumstämmen hinunterklettern. Er frisst im Sommer hauptsächlich Insekten, im Winter sucht er nach Samen. Er brütet in Baumhöhlen, meist in verlassenen Spechthöhlen, aber auch in Nistkästen, die er mit Rindenstückchen und anderen Pflanzenmaterialien auspolstert. Wenn der Höhleneingang zu groß ist, klebt er das Einflugloch mit Lehm und Speichel auf die passende Größe zu, daher der Name Kleiber wie Kleber.

BUCHFINK 001

— *Fringilla coelebs*

Der Buchfink ist einer der häufigsten Singvögel in unseren Wäldern. Er lebt nicht nur in Buchenwäldern, sondern ist auch im Nadelwald und in Parks zu sehen. Da er gerne seine Nahrung auf dem Waldboden sucht und dort nach Samen und kleinen Insekten pickt, kann man ihn gut beobachten. Das Männchen hat einen graublauen Kopf und ein rostbraunes Bauchgefieder und weiße Streifen auf den Flügeln. Der Buchfink trällert gerne anhaltend seinen Reviergesang „Ich, ich trinke gerne würziges Bier."

ZAUNKÖNIG 005

— *Troglodytes troglodytes*

Der kleine Zaunkönig lebt in einem Königreich aus Reisighaufen, Gebüschen und Gestrüpp. Dort flitzt er von einer Ansitzwarte zur nächsten und trällert sein Lied. Seine Strophen trägt er, obwohl er ein kleiner Vogel ist, unglaublich lautstark vor. Mitten im Lied ist ein markantes rollendes „rrrrrrr" zu hören. Sehr oft hören wir sein Gezeter „tek-tek", oder einen Warnruf der nach „dzerr-dzerr" klingt. In voller Erregung beim Warnen und Singen stellt er sein Schwänzchen steil empor.

Amphibien

ERDKRÖTE 029

— *Bufo bufo*

Erdkröten begeben sich bereits im März auf Wanderschaft zu ihren Laichplätzen. Männchen und Weibchen marschieren zur gleichen Zeit los, dabei kommt es vor, dass sich das Männchen vom Weibchen huckepack zum Gewässer tragen lässt. Die Weibchen geben wie alle Kröten Laichschnüre ab, die aus 3.000–6.000 Eiern bestehen können. Man erkennt Erdkröten an ihrer warzigen Haut und sie sind mit über 10 cm Körperlänge eine unserer größten und häufigsten Amphibienarten.

FEUERSALAMANDER

— *Salamandra salamandra*

Die Salamander leben bevorzugt in alten, naturnahen Laubwäldern mit natürlichen Bachläufen. Dort bringen sie von Anfang März bis Mai fertig entwickelte Larven zur Welt. Über Hautdrüsen geben Feuersalamander ein giftiges Sekret ab, das nicht nur Fressfeinde abwehrt, sondern in erster Linie das Bakterien- und Pilzwachstum auf der feuchten Hautoberfläche hemmen soll. Ihre Giftigkeit signalisieren die Feuersalamander durch ihre auffällige schwarz-gelbe Färbung.

TEICHMOLCH

— *Triturus vulgaris*

Bei uns gibt es vier Molcharten: Der Teichmolch (Foto) und der Bergmolch sind am häufigsten, außerdem gibt es den Kammmolch und den seltenen Fadenmolch. Die bräunlichen Teichmolche gehen bereits im Februar zu ihren Laichgewässern, wo sie von März bis in den Mai ihre bis zu 300 Eier absetzen. Bergmolche haben einen orangefarbenen Bauch und sind Bewohner von gewässerreichen Wäldern. Nachts gehen sie auf die Jagd nach Käfern, Regenwürmern und anderem Kleingetier.

Reptilien

WALDEIDECHSE

— *Zootoca vivipara*

Es gibt in Deutschland vier Eidechsenarten. Zauneidechse, Mauereidechse und Waldeidechse (Foto) haben dabei das größte Verbreitungsgebiet. Smaragdeidechsen kommen nur in vereinzelten Gebieten vor. Ihre Lebensräume sind Waldränder, Steinbrüche, Trockenmauern und Weinberge. Sie lieben sonnige, warme Plätze. Bei Gefahr können Eidechsen ihren Schwanz abwerfen. Räuber werden so durch den noch zuckenden Schwanz abgelenkt und die Eidechse kann fliehen.

BLINDSCHLEICHE

— *Anguis fragilis*

Die Blindschleiche gehört zu den häufigsten Reptilien bei uns. Mit ihrem beinlosen, lang gestreckten Körper, der gut 50 cm lang werden kann, wird sie oft mit einer Schlange verwechselt, dabei ist sie eine Echse. Häufig ist sie an Waldrändern, Hecken und Moorrändern anzutreffen, aber auch in Parks und naturnahen Gärten kann sie vorkommen. Blindschleichen sind überwiegend tagaktiv und jagen in erster Linie Nacktschnecken, Regenwürmer, Spinnen und Insekten. Sie legen keine Eier, sondern bringen lebende Junge zur Welt.

RINGELNATTER

— *Natrix natrix*

Die Ringelnatter ist unter den sieben vorkommenden heimischen Schlangenarten die häufigste. Sie wird im Durchschnitt 80–110 cm lang. An den beiden gelben, halbmondförmigen Flecken hinter ihrem Kopf kann man diese Schlangenart gut erkennen. Sie ist nicht giftig, lebt gerne in der Nähe von Gewässern – man kann sie sogar schwimmend beobachten – und ernährt sich dort von Amphibien wie Erdkröten und Fröschen. Kleinsäuger, Fische und Wirbellose gehören ebenfalls zu ihrem Beutespektrum.

WALDAMEISE

— *Formica rufa*

Die Waldameisen fallen uns meist durch ihre großen Ameisenhügel auf. Diese können manchmal eine Höhe von 2 m erreichen und bis zu 2 Millionen Tiere leben darin. An sonnigen und warmen Tagen herrscht am Ameisenhügel Hochbetrieb. Die Arbeiterinnen tragen emsig Fichtennadeln zum Nestbau oder Futtertiere, meist kleine Insekten und Raupen, heran. Den größten Teil ihrer Nahrung macht bei den Waldameisen jedoch der Honigtau aus, das zuckerhaltige Ausscheidungsprodukt der Baumläuse.

BORKENKÄFER

— *Ips typographus*

Wenn wir vom Borkenkäfer reden, meinen wir meist den „Buchdrucker". Der Käfer ist nur 5 mm groß und fällt kaum auf. Aber jeder hat schon auf der Innenseite von Rindenstücken oder an Ästen kunstvolle „Verzierungen" gesehen: Das sind die Brutgänge der Borkenkäferlarven. Meist befallen sie bei uns die Fichte. Dies gelingt ihnen, wenn der Baum schon durch Stressfaktoren wie Trockenheit vorgeschädigt ist. Dann können ganze Waldstücke durch den Befall mit diesem Käfer absterben.

EICHENPROZESSIONSSPINNER

— *Thaumetopoea processionea*

Die Raupen dieser Falterart können in Eichenwäldern zum Problem werden, weil ihre Brennhaare sehr unangenehme Haut- und Augenreizungen hervorrufen können. Die Raupen bewegen sich auf ihrer Wanderschaft zu den Fraßplätzen in einer langen Reihe, daher der Name „Prozessionsspinner". Nach dem Fressen kehren sie zu ihrem Gespinst in den Zweigen zurück, worin sie sich zum Häuten aufhalten und auch verpuppen können. Die Falter selbst sind unscheinbar grau.

WEINBERGSCHNECKE

— *Helix pomatia*

Weinbergschnecken führen ein beschauliches Leben und legen 4 m in einer Stunde zurück. Die meisten Schneckenhäuser sind rechtsdrehend gewunden, nur wenige besitzen ein linksgewundenes Gehäuse, das sind die Schneckenkönige. Weinbergschnecken sind Zwitter, also Männchen und Weibchen gleichzeitig. Sie können sich mit jedem Artgenossen paaren und schießen dabei sogenannte „Liebespfeile" ab. Bei der Eiablage werden dann 40–60 weiße Eier in eine Erdgrube abgelegt.

GARTENKREUZSPINNE

— *Araneus diademus*

Die Gartenkreuzspinne gehört zu den größten einheimischen Spinnen. Das Weibchen kann bis zu 18 mm groß werden, Männchen sind mit 10 mm um einiges kleiner. Ihr 50 cm großes Radnetz, das sie in weniger als einer Stunde bauen kann, dient dem Fang von Insekten. Nach dem Fang wird die Beute gebissen, durch das Spinnengift gelähmt und dann ausgesaugt. Das Gift der Kreuzspinne, das aus verschiedenen Eiweißstoffen besteht, ist für uns Menschen ungefährlich.

REGENWURM

— *Lumbricus terrestris*

Regenwürmer verbringen den größten Teil des Tages geschützt vor Fressfeinden in ihren Röhren, erst nachts kommen sie an die Oberfläche und verzehren Pflanzenreste. Pro Tag vertilgt ein Regenwurm etwa die Hälfte seines eigenen Körpergewichts in Form von Pflanzen. Mit dem Kot scheiden die Würmer nährstoffreichen Humus aus und düngen damit den Boden. Bei anhaltendem Regen können wir die Würmer auch am Tage sehen, dann verlassen sie ihre bis zu 3 m tiefen Erdröhren.

FICHTE

— *Picea abies*

Fichten haben spitze, stechende Nadeln, die rund um den Zweig angeordnet sind. Ihre Zapfen hängen und fallen als Ganzes auf den Boden. Der lateinische Name *Picea* leitet sich von „pix“ ab, das bedeutet „Pech“ oder „Harz“. Die Fichte liefert duftendes Harz, das bei Verletzungen wie ein Pflaster funktioniert und den Bäum vor Krankheitskeimen schützt. Und auch wir können die gesundheitsfördernden und desinfizierenden Eigenschaften der ätherischen Öle im Harz nutzen (Seite 101).

TANNE

— *Abies alba*

Die Nadeln der Tanne sind weich, vorn abgerundet und haben auf der Unterseite zwei weiße Streifen. Die Zapfen stehen wie Kerzen auf den Zweigen und zerfallen schon auf dem Baum in einzelne Schuppen. Man findet also nie einen Tannenzapfen am Boden. Sie bildet kein Harz und duftet daher nicht. Die Tanne wird als „Tannenbaum“ gerne als Stellvertreter für die gesamte Nadelbaumfamilie genannt. Ihre immergrünen Zweige waren schon immer hoffnungsvoller Schmuck in der Winterzeit.

KIEFER

— *Pinus sylvestris*

Die Nadeln der Kiefer stehen immer – ähnlich wie bei einer Pinzette – paarweise zusammen. Ihre Zapfen sind rundlich und holzig. Der Name Kiefer stammt vom altdeutschen „Kienfohra“. „Fohra“ bedeutete allgemein „Nadelbaum“, „Kien" stand für harzhaltiges Holz. Im Mittelalter waren Kienspäne in vielen Haushalten die einzige Möglichkeit, die Räume zu beleuchten. Außerdem wurde das harzige Holz verschwelt und man verarbeitete die Destillate weiter zu Pech und Terpentin.

LÄRCHE

— *Larix decidua*

Die Lärche ist ganz besonders: Sie ist der einzige europäische Nadelbaum, der seine Nadeln im Herbst abwirft und im Frühjahr wieder junge zarte Nadeltriebe schiebt. Die Nadeln der Lärche sitzen in kleinen Büscheln an sogenannten Kurztrieben an den Zweigen und fühlen sich weich und biegsam an. Im Herbst werden sie leuchtend gelb, bevor sie abfallen. Die Zapfen sind klein, rundlich und bleiben oft viele Jahre am Baum. Das harte Holz wird gerne zum Bauen verwendet.

BUCHE

— *Fagus sylvatica*

Buchen haben eiförmige Blätter mit glattem Rand. Ihre Früchte, die dreikantigen Bucheckern, sitzen in stacheligen Hüllen. Die Rinde ist glatt und grau bis silbrig, dicke Buchenstämme erinnern daher etwas an Elefantenbeine. Die Buche versorgte die Menschen seit jeher mit Brennholz, mit Blättern als Viehfutter und mit leckeren, nahrhaften Bucheckern, aus denen man Öl pressen kann. Mit Spänen aus Buchenholz kann man Fisch und Fleisch räuchern. Dadurch werden Fisch und Fleisch haltbarer und bekommen ein tolles Aroma.

EICHE

— *Quercus spec.*

Eichen kann man gut an ihren typischen, gelappten Blättern erkennen. Ihre Früchte, die Eicheln, sitzen in kleinen „Käppchen", den Fruchtbechern. Die Rinde ist tief gefurcht. Der Anblick einer alten Eiche mit ihren knorrigen Ästen und ihrem kräftigem Wuchs lässt sie als eine Baummajestät erscheinen – der Baum kann 1.000 Jahre alt werden. Viele Tierarten ernähren sich von den nahrhaften Eicheln und Forscher haben an einem einzelnen Baum schon bis zu 1.000 verschiedene Insektenarten gefunden.

AHORN

— *Acer spec.*

Bei uns gibt es die drei Geschwisterarten Spitz- (Foto), Berg- und Feldahorn. Alle drei haben fünflappige Blätter, an denen man sie gut erkennen kann. Der Bergahorn ist der größte unter den Ahornarten und erhielt seinen Namen durch die Fähigkeit, in den feuchten Schluchtwäldern der Gebirge bis in Höhen von 1.600 m zu gedeihen. Mit den Propellerfrüchten der Ahornarten kann man toll spielen: Sie als Hubschrauber in die Luft werfen oder aufgeklappt auf die Nase kleben.

BIRKE

— *Betula pendula*

Birkenwälder strahlen etwas Helles, Leichtes und Freundliches aus. Die feinen, fast dreieckigen Blätter bewegen sich leicht im Wind und lassen den Baum lebendig erscheinen. Birken erkennt man gut an ihrer weißen Rinde, die sich in feinen Streifen abziehen lässt. Erst im Alter wird die Rinde dunkel und rissig. Obwohl die Birken so zart und anmutig wirken, sind sie sehr winterhart und können in den kältesten Regionen des Nordens überleben. Birken wachsen sehr schnell und können innerhalb von 20 Jahren 20 m hoch werden.

ESCHE

— *Fraxinus excelsior*

Blätter, die wie bei der Esche aus vielen einzelnen Blättchen zusammengesetzt sind, nennt man gefiedert. Das Eschenlaub diente früher als wichtiges Viehfutter. Die Bauern schnitten die Äste mitsamt dem Laub ab, das nannte man „schneiteln". Das Holz der Esche ist sehr hart und gleichzeitig elastisch. Deshalb wird Eschenholz sehr gerne für Werkzeug, z. B. als Stiele für Schaufeln oder Äxte, oder für Holzleitern genutzt. Heute bedroht ein Pilz die Eschen, der die Blätter absterben lässt.

LINDE

— *Tilia spec.*

Bei uns gibt es Sommer- (Foto) und Winterlinden, die wir gut an ihren Blättern erkennen können: Sie sind herzförmig mit kleinen Haarbüscheln in den Achseln der Blattadern auf der Unterseite. Zur Blütezeit liefern Linden jede Menge Nektar für Insekten - der ganze Baum scheint zu summen. Wir können die duftenden Blüten sammeln, trocknen und daraus einen Tee gegen Erkältung und Grippe kochen. Das Holz der Linde ist weich und feinporig und daher zum Schnitzen besonders gut geeignet.

WEIDE

— *Salix spec.*

Nur wenige Weidenarten bilden richtig große Bäume. Die Silberweide (Foto) gehört mit bis zu 30 m Höhe zu den größten. Traditionell werden die einjährigen Ruten für die Korbmacherei geerntet. Durch regelmäßiges Schneiden der Ruten bilden sich die auffälligen Kopfweiden. Nicht alle Weiden eignen sich zum Korbflechten. Es gilt: Je schmaler und länglicher das Blatt ist, desto besser lässt sich die Weidenart verflechten. Die blühenden Weidenkätzchen liefern früh im Jahr den ersten Pollen für viele Insekten.

ERLE

— *Alnus spec.*

Neben Grün-und Grauerle begegnet man bei uns am häufigsten der Schwarzerle (Foto). Sie mag feuchte Standorte entlang von Flüssen, Bächen und in Moorgebieten. Durch ihre Fähigkeit, mit Bakterien in ihren Wurzeln eine Symbiose einzugehen, kann sie auf nährstoffarmen Böden gedeihen. Außergewöhnlich ist: Ihre rundlichen Blätter wirft die Erle im Herbst grün ab. Im Winter entdecken wir an den kahlen Ästen kleine, verholzte Zapfen, die wie Miniatur-Kiefernzapfen aussehen.

WALDERDBEERE

— *Fragaria vesca*

Die Walderdbeere ist eine mehrjährige, wintergrüne Pflanze und bleibt kleiner als eine Gartenerdbeere. Sie wächst entlang von Waldrändern und in lichten Laub- und Nadelwäldern. Im Frühling trägt sie weiße Blüten mit fünf Blütenblättern, aus denen sich im Sommer die roten Beeren entwickeln. Die Blätter sind dreigeteilt mit gezacktem Rand. Die Beeren haben ein wunderbares Aroma, am besten isst man sie einfach so, man kann damit aber auch Konfitüren verfeinert.

WALDSAUERKLEE

— *Oxalis acetosalla*

Der Waldsauerklee gedeiht auf sauren Böden an besonders schattigen und feuchten Standorten in Laubmischwäldern und Nadelwäldern. Waldsauerklee ist die schattenverträglichste Pflanzenart in Mitteleuropa und kann auch noch bei sehr wenig Tageslicht wachsen. Bei sehr starker Sonneneinstrahlung kann die Pflanze ihre Blätter zusammenklappen. Die Blätter schmecken leicht säuerlich, ähnlich wie Sauerampfer. Wegen der enthaltenen Oxalsäure sollte man jedoch nicht zu viele davon essen.

DRÜSIGES SPRINGKRAUT

— *Impatiens glandulifera*

1839 kam das Drüsige Springkraut nach England und wurde danach in vielen europäischen Gärten als Gartenpflanze oder auch als Nektarpflanze für Bienen kultiviert. Inzwischen hat es sich stark ausgebreitet und gilt als problematisch. Durch den Schleudermechanismus der Früchte, der bereits durch Regentropfen ausgelöst werden kann, können die Samen bis zu 7 m weit weggeschleudert werden. Die ölhaltigen Samen haben einen nussigen Geschmack und sind roh und gekocht lecker.

WEIDENRÖSCHEN

— *Epilobium angustifolium*

Auf der Nordhalbkugel ist das Schmalblättrige Weidenröschen mit seinen purpurroten Blüten weitverbreitet. Es kann sich auf Lichtungen, Schuttflächen, nach Kahlschlägen oder Waldbränden sehr schnell ausbreiten – daher auch der englische Name „Fireweed". Die Samen haben einen langen Haarschopf und können als „Schirmchenflieger" vom Wind bis zu 10 km weit getragen werden. Die jungen Pflanzenteile können wie Spargel als Salat oder Gemüse zubereitet werden.

FARNE

— *verschiedene Arten*

Die meisten Farnpflanzen bevorzugen schattige und feuchte Stellen im Wald, in Mauerritzen, Felsspalten und Schluchten oder in der Nähe von Gewässern, aber es gibt auch lichtliebende Arten. In der Regel haben Farne Wedelblätter, die wie Palmwedel aussehen und in ihrer Jugend schneckenartig eingerollt sind. Auf der Unterseite der Farnwedel sitzen bräunliche, rundliche Gebilde, die sogenannten Sporangien, in denen die Sporen gebildet werden.
Das Bild zeigt einen Adlerfarn.

MOOSE

— *verschiedene Arten*

In Deutschland gibt es ungefähr 1.000 verschiedene Moosarten, sie werden in drei Gruppen aufgeteilt: Hornmoose, Lebermoose und Laubmoose. Eine der häufigsten Arten ist das Zypressenschlafmoos. Im Mittelalter wurde es getrocknet und für Kissen- und Matratzenfüllungen verwendet. Torfmoose wurden früher als Wundkompressen verwendet, weil sie antimikrobiell wirken. Moose können sehr viel Wasser aufnehmen und spielen daher eine wichtige Rolle als Wasserspeicher im Wald.

STEINPILZ

— *Boletus spec.*

Bereits ab Mai kann im Laubwald mit dem Sommersteinpilz gerechnet werden. Dann folgt nach dem Herbstanfang eine zweite Reifezeit. Den Fichtensteinpilz finden wir in Nadelwäldern, dort erscheint er ab August bis spät in den Herbst hinein, bis die ersten kalten Nächte der Pilzsaison ein Ende bereiten. Am ehesten kann man den Steinpilz mit dem Gallenröhrling verwechseln. Dieser besitzt jedoch eine rosafarbene Röhrenschicht (beim Steinpilz gelblich) und auf dem hellen Pilzstiel eine olivfarbene Netzstruktur. Nur bei ganz jungen Gallenröhrlingen kann man das noch nicht erkennen. Da der Gallenröhrling furchtbar bitter schmeckt und ein einzelner Pilz ein ganzes Gericht verderben kann, bemerkt man eine Verwechslung aber spätestens, wenn man die Pilze probiert.

FLIEGENPILZ

— *Amanita muscaria*

Diesen Pilz kennt wohl jeder. Mit seiner roten Hutfarbe und den markanten weißen Flecken ist er unverkennbar und kinderleicht zu identifizieren. Die weißen Flecken auf der Huthaut stammen von der Pilzhülle, mit der sich der junge Pilz im Erdboden zum Schutz umgibt. Der Fliegenpilz gehört in die gleiche Familie wie die Knollenblätterpilze und ist zwar giftig, aber nicht lebensbedrohlich giftig wie der Grüne Knollenblätterpilz. Obwohl er giftig ist, schaffte es der Fliegenpilz, zum Symbol für Glück zu werden. Sein Name stammt vom Gebrauch als Fliegengift. Dazu wurde der Pilz in gesüßter Milch gekocht und diese Milch dann in den Stall gestellt. Die lästigen Fliegen wurden durch die Aufnahme der „Rauschmilch" bewegungslos oder ertranken in der Flüssigkeit.

PFIFFERLING

— *Cantharellus cibarius*

Goldgelb leuchtet der wellig gebogene Hut des Pfifferlings am Waldboden. Er tritt meist gesellig in einer großen Gruppe der gleichen Art auf. Wir finden ihn in Nadel- und Laubwäldern, dort mag er gerne saure und moosreiche Böden. Mit seinem aromatischen, deftigen Geschmack ist er einer der beliebtesten Speisepilze. Im Gegensatz zu anderen Pilzen, wie z. B. dem Fliegenpilz, haben Pfifferlinge keine Lamellen, sondern verdickte, herablaufende Adern, die sogenannten Leisten. Damit lässt sich der Pfifferling auch gut zum Falschen Pfifferling abgrenzen, der deutliche Lamellen besitzt und auch eine eher orangene Färbung aufweist. Verwandte des Pfifferlings sind der Trompeten-Pfifferling und die Herbsttrompete, die beide ebenfalls essbare Pilze sind.

KRAUSE GLUCKE

— *Sparassis crispa*

Diesen essbaren Pilz, der ein bisschen aussieht wie ein Badeschwamm, findet man im Stamm- und Wurzelbereich der Kiefer. Er wird auch „Fette Henne“ genannt. Es lohnt sich, nicht nur in reinen Kiefernwäldern nach ihm zu suchen, sondern auch in Mischwäldern nach einzelnen, eingestreuten Kiefern Ausschau zu halten. Selbst nach dem Fällen wachsen Krause Glucken an den verbliebenen Baumstümpfen und können so groß werden wie ein Fußball. Je nach Witterung kann man die Krause Glucke ab August bis in den November hinein entdecken. Warme Temperaturen und ergiebige Herbstregen lassen den Pilz sprießen. Es lohnt sich, einen bekannten Standort in den nächsten Jahren immer wieder abzusuchen, die Krause Glucke wächst dort oft viele Jahre hintereinander.

Register

DAS KOSTENLOSE EXTRA: DIE APP „KOSMOS-PLUS“

Dieses Buch hat Töne: Mit der kostenlosen Kosmos-Plus-App kannst du dir die Stimmen des Waldes auf deinem Smartphone oder Tablet anhören.

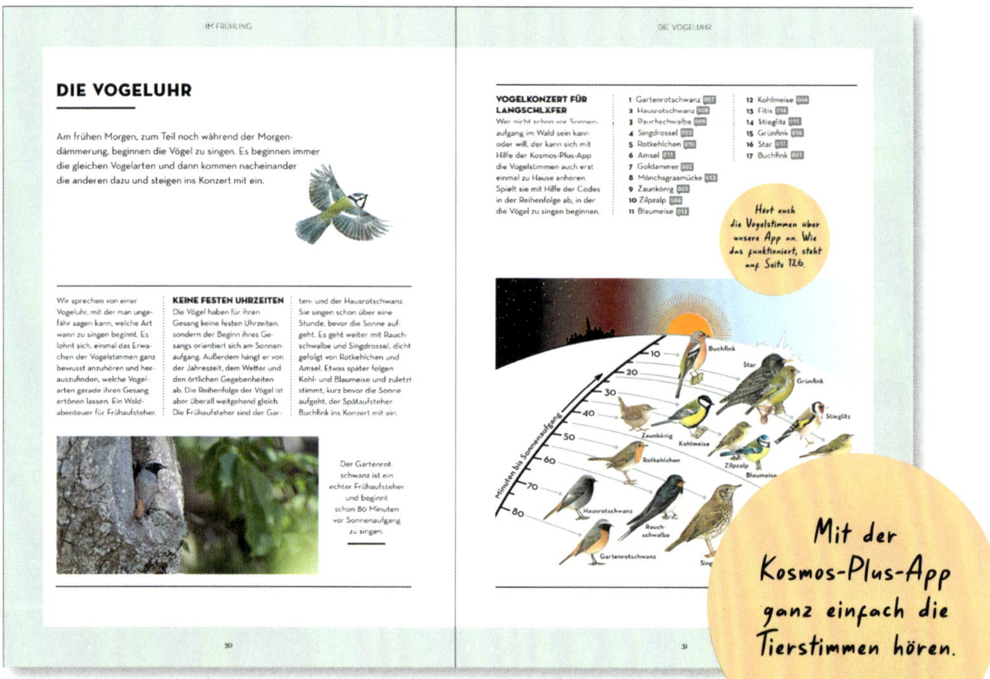
IM FRÜHLING

DIE VOGELUHR

Am frühen Morgen, zum Teil noch während der Morgendämmerung, beginnen die Vögel zu singen. Es beginnen immer die gleichen Vogelarten und dann kommen nacheinander die anderen dazu und steigen ins Konzert mit ein.

Wir sprechen von einer Vogeluhr, mit der man ungefähr sagen kann, welche Art wann zu singen beginnt. Es lohnt sich, einmal das Erwachen der Vogelstimmen ganz bewusst anzuhören und herauszufinden, welche Vogelarten gerade ihren Gesang ertönen lassen. Ein Waldabenteuer für Frühaufsteher.

KEINE FESTEN UHRZEITEN

Die Vögel haben für ihren Gesang keine festen Uhrzeiten, sondern der Beginn ihres Gesangs orientiert sich am Sonnenaufgang. Außerdem hängt er von der Jahreszeit, dem Wetter und den örtlichen Gegebenheiten ab. Die Reihenfolge der Vögel ist aber überall weitgehend gleich. Die Frühaufsteher sind der Gartenrot- und der Hausrotschwanz. Sie singen schon über eine Stunde, bevor die Sonne aufgeht. Es geht weiter mit Rauchschwalbe und Singdrossel, dicht gefolgt von Rotkehlchen und Amsel. Etwas später folgen Kohl- und Blaumeise und zuletzt stimmt, kurz bevor die Sonne aufgeht, der Spätaufsteher Buchfink ins Konzert mit ein.

Der Gartenrotschwanz ist ein echter Frühaufsteher und beginnt schon 80 Minuten vor Sonnenaufgang zu singen.

30

DIE VOGELUHR

VOGELKONZERT FÜR LANGSCHLÄFER

Wer nicht schon vor Sonnenaufgang im Wald sein kann oder will, der kann sich mit Hilfe der Kosmos-Plus-App die Vogelstimmen auch erst einmal zu Hause anhören. Spielt sie mit Hilfe der Codes in der Reihenfolge ab, in der die Vögel zu singen beginnen.

1 Gartenrotschwanz
2 Hausrotschwanz
3 Rauchschwalbe
4 Singdrossel
5 Rotkehlchen
6 Amsel
7 Goldammer
8 Mönchsgrasmücke
9 Zaunkönig
10 Zilpzalp
11 Blaumeise
12 Kohlmeise
13 Fitis
14 Stieglitz
15 Grünfink
16 Star
17 Buchfink

Hört euch die Vogelstimmen über unsere App an. Wie das funktioniert, steht auf Seite 126.

31

Und so geht's:

1. Besuche im Internet den App Store oder Google Play.
2. Lade dir die kostenlose Kosmos-Plus-App auf dein Mobilgerät.
3. Öffne die App, gehe in der App zum Buch „Waldglück“ und schalte mit dem Code **Buntspecht** die Inhalte frei. Nun kannst du dir die Tierstimmen laden.
4. Bei manchen Tierarten findest du dieses Symbol 999. Gib den Zahlencode, der dort angegeben ist, in der App ein oder suche in der Medienliste nach der entsprechenden Art. Nun kannst du die Stimme des Tieres auf deinem Smartphone oder Tablet hören.

Weitere Informationen findest du unter **plus.kosmos.de**.

BILDNACHWEIS

Mit 228 Fotos von **Adobe Stock** (25): 3 u. (Georgy Ryurikov), 2 (Mr. Bolota), 4/77 o.r. (Volodymyr), 5 u.l./77 o.l., (Николай Амосеев), 6 (tibor13), 13 (MNStudio), 34 (Kontantin Postumitenko), 35 o.l. (bnenin), 35 u.l. (natali1991), 51 (rawpixel.com), 58 (gabort), 65 (tanatura), 67 u. (pololia), 71 u.l. (caroline), 77 u. (natalia), 78 l. (Xaver Klaussner), 79 m. (Photophonie), 80 (tgordievskaya), 81 m. (Milcho Milev), 84 u. (Mladen), 86 u. (Andrea Mücke), 89 (colnihko), 93 o.r. (Eric Isselée), 94 (Ondrej Prosicky), 97 l. (Christian Müller); **Heiko Bellmann/Frank Hecker** (8): 20 l., 20 o.r., 23 o.r., 35 o.r,, 87, 103 o., 114 m., 116 u.; **Wolfgang Buchhorn/Frank Hecker** (12): 5 o., 10 (beide), 23 o.l., 25 u., 26 o.l., 26 u.r., 29 o.r., 29 u.r., 106 o., 107 u., 110 u., 113 o.; **Theresa Ester-Nacke** (1): 101 u.l.; **Fotolia** (1): 92 u. (mkaminsky); **Nadja Frotscher-Kanka** (2) 70 r., 71 r.; **iStock** (1): 3 o. (MikeLane45); **Frank Hecker** (145): 5 u.l., 8, 9 (alle 3), 11 (beide), 14, 15, 16, 17 (alle 3), 18 (beide), 19 (beide), 21, 22, 23 u., 24 o.m., 24 o.r., 27 o., 29 o.l., 29 m.l., 29 m.r., 29 u.l., 30 u., 32, 33 o.r., 37, 39 u., 41, 42, 43, 45 (alle 3), 46 (beide), 47 (beide),49 (alle 4), 50 (alle 3), 53 (beide), 57 m.r., 57 u.l., 57 u.r., 59 u., 60 u.r., 62 (alle 3), 63 (alle 3), 66, 69 o.r., 69 m.l., 69 m.r., 69 u.r., 71 o.l., 72 (beide), 74 o., 75 (beide), 78 m.r., 81 o., 82 u., 84, 85 m., 88, 90 (alle 5), 91 (alle 3), 92 l., 93 o.l., 93 o.m., 93 u.l., 93 u.m., 93 u.r., 95, 98, 99 (alle 3), 100, 101 (alle 3), 103 o., 107 o., 108 (beide), 109 (beide), 110 o., 110 m., 111 (alle 3), 112 (alle 3), 113 m., 113 u., 114 o., 114 u., 115 (alle 3), 116 o., 116 m., 117 (alle 3), 118 (alle 3), 119 (alle 3), 120 (alle 3), 221 (alle 3), 122 (beide), 123 (beide); **Peter Lindel** (1): 104/105; **Alfred Limbrunner/Frank Hecker** (1): 74 u.r.; **Eckhard Mestel/Frank Hecker** (3): 24 o.l., 74 u.l., 106 u.; **Pixabay** (1): 20 u.r. (flo); **Rainer Schall** (20): 33, 36, 54, 55 r., 56 (alle 4), 57 o.l., 59 o.r., 61 (beide), 70 l, 79, 78 m., 81 u., 83 o., 96 (beide), 97 l.; **Claudia Salata** (1): 59 o.l.; **Frieder Sauer/Frank Hecker** (1):26 u.l.; **Rudolf Schmidt/Frank Hecker** (2): 73 u.l., 73 u.r.; **Roland Spohn** (1): 103 u.; **Shutterstock** (2): 55 r. (captureandcompose), 86 (photomater)
Mit 73 Illustrationen von **artenot/shutterstock** (bearbeitet von M. Kienle) (7): 8, 35, 55, 71, 95, 125 (beide); **Tanja Böhning** (1): 91; **Paschalis Dougalis** (23): 25 (beide), 30, 31 (alle 17), 51, 52, 73; **Kay Elzner** (2): 49 (beide); **Marianne Golte-Bechtle** (20): 5 u., 27 l., 38 (alle 5), 39 (alle 4), 46, 47, 53, 58, 59, 63, 84, 101, 102; **Sigrid Haag** (3): 83, 85, 99; **Reinhild Hofmann** (1): 45; **Michaela Kienle** (11): 4, 12, 19, 28, 51, 56, 59, 64, 77, 96, 126; **Wolfgang Lang** (1): 31; **Roland Spohn** (1): 76; **Steffen Walentowitz** (3): 27 r., 68, 75, 94

IMPRESSUM

Umschlag- und Klappengestaltung von Claudia Eder, Schönburg, unter Verwendung von Fotos von Adobe Stock (5: © allocricetulus, GobalP, hsvrs, New Africa, MikeLane 45) und iStock (4: © Antagain, ChooChin, Stefon-linton, Zerbor) sowie Illustrationen von Isabelle Fischer. Illustrationen auf der vorderen Klappe von Kay Elzner (Trittsiegel), Marianne Golte-Bechtle (Fährten und Tier-Silhouetten) und artenot/shutterstock/Michaela Kienle (kleine sw-Figuren), alle Fotos auf den Klappen von Frank Hecker sowie ein Foto vom Autor.

Pfizerstraße 5–7, 70184 Stuttgart

ISBN 978-3-440-17934-5
Redaktion: Claudia Salata
Gestaltungskonzept: Gramisci Editorial Design, München
Gestaltung und Satz: Claudia Adam Graphik-Design, Bad Kreuznach
Produktion: Markus Schärtlein
Druck und Bindung: Westermann Druck, Zwickau
Printed in Germany/Imprimé en Allemagne

FSC
www.fsc.org
MIX
Papier | Fördert gute Waldnutzung
FSC® C110508

FRASSSPUREN, BAUE UND KOTSPUREN

Tiere hinterlassen nicht nur Fußabdrücke, sondern auch andere Spuren. Wenn man weiß, nach was man schauen muss, kann man viel entdecken. So verraten die Tiere uns z.B. wo und was sie gefressen haben, wo sie schlafen und ihre Jungen großziehen und natürlich auch, wo sie das Gefressene wieder losgeworden sind.

1. HIER HAT EIN REH GEFRESSEN

Rehe mögen Efeu – besonders im Winter, wenn es wenig anderes Grün gibt. Bis dahin, wo sie ihn erreichen können, fressen sie ihn komplett kahl.

2. HIER HAT EIN ROTHIRSCH GEFRESSEN

Rothirsche ziehen mit ihren Zähnen die Rinde von den Bäumen, man nennt das „schälen". Wird zu viel Rinde abgeschält, kann der Baum absterben.

1

2

3

3. HIER HABEN SICH WILDSCHWEINE GESUHLT

Wildschweine nehmen gerne Schlammbäder. Das kühlt im Sommer, der Schlamm schützt vor Stechmücken und Parasiten.